心のモヤモヤをクリアにする本当のスピリチュアルメソッド

魔女から教わった

運命を変えて幸せな人生を引き寄せる方法

金井 智子
Kanai Tomoko

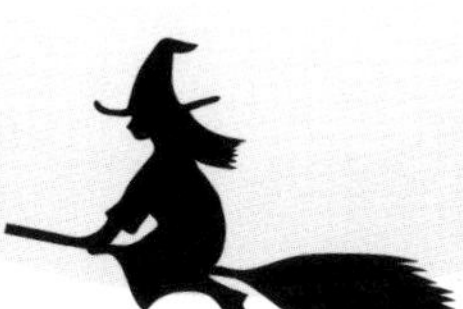

つた書房

はじめに

ここ最近で、あなたが感じた幸せは何ですか。それはどんなときで、どのようなシチュエーションでしたか。そのときは誰と一緒でしたか。

幸せの定義は人それぞれです。なのでここ最近であなたが感じた幸せを、他の人があなたと同じように共感していなくても、何の不思議もありません。

それなのに、私たちはなぜか自分の感じる幸せと他の人が感じる幸せとを混同して考えてしまいがちです。結果、他の人が幸せそうにしていると、それを横目に「もっと幸せになりたい」「もっと良くなりたい」とその幸せそうな人の後ろを追いかけて、ずっと生きていくことになってしまいます。

これはあくまで私の見解ですが、日本で暮らす私たちは、自分の幸せを自覚するよりも、人の幸せそうな姿と自身を比較して「あんなふうに幸せになりたい」と思うことの方が、どちらかと言えば多いように感じます。

私も「幸せになりたい」と思って生きてきたうちのひとりです。自分にとっての幸せについて考えたこともありませんでしたので、今思えば自分の目から見て幸せそうに見える人たちのように自分もなりたかったのだと思います。

そんな私の人生が大きく動いたのは、3人の魔女に会ってからでした。瞑想を教えてくれた魔女、人間には推し量れない世界があることを教えてくれた魔女、つながりへの感謝を教えてくれた魔女の3人です。彼女らは、幸せな人生を生きていく人がやっていくべきことを丁寧に教えてくれました。私は、彼女らのもとでその実践を重ねていくうちに、人生の捉え方と物事の見方が変わっていったのです。その過程で受けた感覚は、それまでの自分の価値観がひっくり返るくらいの大きな衝撃でした。

幸せになるためにやっていくべきことは、3つあります。今に注力して「自分を整える」こと、感情と思考、そして行動を「意識して波動を変える」こと、持って生まれた運を活かして人生をクリエイトしていける「運のいい人になる」ことです。

本書では、3人の魔女の普遍的な考え方を踏まえ、本物のスピリチュアルによって自身を変革し、人が幸せになっていくまでの道筋を詳細に解説しました。「幸せになりたい」とたびたび口にしている人が陥りやすい点にも留意して書いているのも本書の特徴です。

この先の人生を悔いなく幸せに生きるために、本書を手にしてくださった皆様のお役に立てましたら幸いです。

Chapter 1

幸せを追いかけても幸せにはなれない

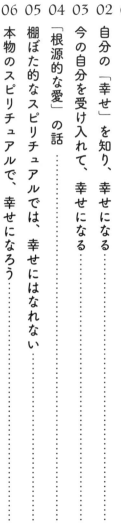

Chapter 2

魔女の教えで幸せになる

Chapter 3 幸せになるために自分を整える

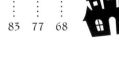

Chapter 4

幸せになるために自分の波動を変える

Chapter 5

幸せになるために運のいい人になる

Chapter 6
スピリチュアルで幸せになる

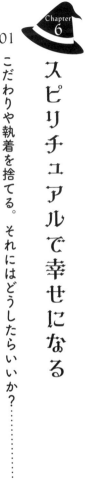

Chapter.1

幸せを追いかけても幸せにはなれない

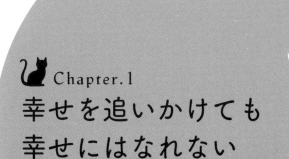

01

幸せを追いかけるのをやめて、幸せになる

あなたの人生が上手くいかない理由

「こんなに頑張っているのに、どうして幸せになれないんだろう」

「人生って、どうして思うようにいかないのかな」

あなたの思っているとおり、幸せは追いかけても手に入るものではありません。なぜなら、あなたが今追いかけている幸せは、あなたの幸せの定義に基づいたものではないからです。

仮に、追いかけている幸せを手にできたとしても、またしばらくするときっとあなたは「もっと幸せになりたい」と思っているはずです。その証拠に、こんなに懸命に努力している今があるのに「どうして幸せになれないのか」「なぜ人生はうまくいかないのか」と悩んでいるではありませんか。

幸せを手にできたようでも、自分の幸せの定義に基づいたものでなければ、人生が上手くいかないように感じるのは当然の話です。

たしかにお金持ちになったら、欲しいものや好きなことに存分にお金をかけられるわけですから、節約も我慢も不要ですよね。最愛のパートナーとの関係も、愛し愛されて生涯に渡って人生を添い遂げられたら、どんなに愛に満ちた暮らしになるでしょうか。抜群なプロポーションと美貌を備えたら、モテモテの自分に酔いしれることになるかもしれません。家族や周囲の友人たちから慕われて支えられていたら、さぞかしあなたの人生は力強いものになるでしょうし、今、思うような仕事に就いていなくても、この先、自分にとって最適な仕事が見つかれば、毎日が楽しくなります。

今言ったような幸せが、自分の幸せの定義に基づいたもので、満足できているのであれば、この先本書を読み進める必要はありません。でももしそうでないのであれば、この本を最後まで読んでいただき、私と一緒にあなたの幸せについて考えていきましょう。待ち構えている運命をどのように捉えていけばいいのか判断がつく自分になれるように、私が魔女から教わった幸せになるための教えをこの本で公開していきます。

◆幸せを手に入れても、幸せにはなれない!?

お分かりのように、幸せの定義は人それぞれです。その人の価値観や経験、現在の状況によって差異があります。しかし、私たちが求めている幸せは、他人の幸せの定義に基づいたものであることがほとんどです。他人の幸せを自分の幸せだと思い込み「もっと幸せになりたい」「もっとよくなりたい」とそのまま頑張り続けて歳を重ねていけば、あっという間に人生を終えることになってしまいます。

このようにして結局私たちは、いつまでも幸せを追いかけていくことになるわけですが、でもそれは無理もないことです。お金はないよりあったほうがいいですし、クルマだって軽よりも普通車、普通車よりも外国の高級車の方が安全だしステータスもあるじゃないですか。だから他人の幸せの定義に基づいたものを自分の幸せだと思って追いかけてしまうのは、人間に欲望がある限りやむをえない。そこそこの生活をしているところで「お金持ちになれますよ」とか「外車を買えようになりますよ」などと耳元でささやかれて選択を迫られたら、誰だってそちらを選ぶのは当然です。こうした環境に生きているので、私たちは「もっと幸せになりたい」「もっとよくなりたい」と思ってしまうわけです。

仮にですが、億を超えるような大金を手にしてお金持ちになれたとしても、そのお金が大切な人を亡くして得た死亡保険金だったらどうでしょうか。また、自身に磨きをかけて一世一代の美女になったとしても、結婚詐欺師に引っ掛かるようなことだってないとは言えません。また、今は家族に囲まれて幸せに暮らしていても、充実感を持ってこの先の人生を生き続けられるかは誰にもわからないのです。

他人の幸せの定義に基づいたものを手にしても、結局あなたは自分が幸せであるとは思えないのです。

あなたにとっての幸せとは

幸せになりたいと思うのであれば、自分の幸せの定義について考え、完璧でなくても良いので、今の自分なりの答えを導き出してください。なぜならその行動が、自分の力で幸せになっていくための最初の一歩になるからです。

私たちが子どもの頃、どちらかというと教育は画一的で、創造性よりも知識を覚えることに重きが置かれた時代でした。高度経済成長期でしたので、欧米の経済発展に追いつけとばかりに、与えられる知識を覚えることが重要視されていましたから、自身の力で考えて行動を起こす力を培うチャンスを逸してしまうようなことも起こりました。今は少子化でそんな教育にも限界がきて、小規模体制で学校教育も行われるようになり、子どもたちの可能性を引き出す教育の実現へと改革がなされているようですが、今の時代に育ったZ世代と私たちの世代との間には、明らかにジェネレーションギャップのような感覚の差異があることは体感できます。

こんな話をしていると思い出すのは、七夕飾りの短冊に「お嫁さんになりたい」と書いていた幼馴染です。「結婚して子供を産んで、マイホームを持つことが夢。それが私の幸せ」みたいなことが当たり前に言われている時代に育っている私たちですから、他人の幸せの定義に基づいたものを手にして生きることが、最高の幸せであると思ってしまうのは極自然の流れでした。

このような背景があったことを思えば、あなたが「もっとよくなりたい」「もっと幸せになりたい」と言う理由は理解できます。でもそれは他人の幸せの定義に基づいたものを自分の幸せと勘違いして、追い続けているだけです。

02

自分の「幸せ」を知り、幸せになる

幸せになりたくて、生まれてからずっと頑張ってきたけれど

あなたのまわりに「私は幸せです」と自分の幸せをかみしめて生きているような人はいるでしょうか。もしそのような人たちばかりがあなたの周囲にいるのなら、それは本当にステキなことです。

私の周囲にいる人でいうと、海外で活躍されているお二人を思い出します。二人とも日本人ではありません。一人は事業を大成功させている人で、その事業を本気で成功させたくて挑戦し続けて、今日の大きな結果をつかむまでにたどり着きました。もう一人は社会的地位のあるドクターです。彼は病院勤務をしているわけではなく、依頼をされた時だけ医者として活動しています。普段は瞑想をしたり海で過ごしたりして大自然のなかに身をゆだねて過ごしている人です。このお二人の生き方を見ていても思いますが、自分のことを幸せだと思える人たちは、総じて自分のペースで生きているように感じます。

けれど、私たちだって生まれてから今の今まで、生きてきた年数くらいの時間をかけて、幸せになるために頑張ってきました。それなのに、いまだに幸せを追いかけているのは、自分の幸せの定義が導きだせていない可能性があります。

幸せの定義を定めれば、幸せな自分になれる

自分の幸せの定義が導きだせていない場合には、追いかけている幸せ自体が、本来、自分が求めているものと異なっている可能性があります。だから、頑張ってそれを手にしても、自分が幸せになれたとは思えないのです。

「もっと欲しい」「もっと良くなりたい」「もっと……」と思い続けてキリがなくなってしまうのは、自分にとっての幸せがわからないためです。どんなにたくさんのお金が入ってきても、ステキなパートナーに巡り会えても、安定した暮らしを手に入れることができても、ナイスプロポーションになって美貌を手に入れても納得できない。だからいつまでも幸せを追いかけることになってしまうのです。これを私は「もっともっと病」と名づけています。

けれど、もし自分の幸せの定義が定まっていたらどうでしょうか。たどり着きたい幸せがハッキリ見えているわけですから、必ずいつかは幸せな自分になれる時がやってきます。

幸せになるために大切なことは、まずは自分の幸せの定義を決めることです。

03

今の自分を受け入れて、幸せになる

幸せになりたいと私も思って生きてきました

実は私も幸せになりたいと思い、幸せを追いかけ生きてきました。また、未来については、常に不安な感情を持っていましたし、かなりの心配性で「ああなったらどうしよう」「こうなったらどうしよう」と思いすぎて、身動きが取れませんでした。当時の自身を大きく占めていた悩みは、人間関係と愛、そして調和についてで、それが引き金となってフラストレーションが溜まり、ストレスでカラダを壊しました。病院で診察を受けましたが、体調は一向に良くならず、途方に暮れていたところで、違う方面からカラダへのアプローチを試みようとして触れたのがスピリチュアルの世界でした。

そんな自分ですから、人に対しても遠慮しすぎてモノは言えないし、自分さえ我慢すればと思っていても、うまくはいかずに辛くなるばかり。あげくには、どれだけ頑張っても、人生は思っているようにはならないと、嫌な気持ちばかりが募っていました。

そこから転換できたのは、スピリチュアルを学んでからです。目に見えない世界や精神世界、感覚的に知覚できる物質世界を通じて人間の仕組みを知り、人生哲学を学ぶことは、自分を癒す時間でした。さまざまな場面で選択肢を選ぶときにも迷いがなくなって、悩みで体調を崩すことが激減しました。それまでは「本当にこれでいいのかな」と思うことばかりで、息苦しささえ感じていたこともあったのに、「この選択でいい」とそれを選んだ裏付けに確信が持てるようにもなれたのです。

今を受け入れなければ、幸せにはなれない

私たちは幸せになるために努力してきているのですから、とっくに幸せになっていて

もおかしくないはずです。でもその努力が実を結んでいると思えないのはなぜでしょうか。その答えは、自分がしてきたこれまでの努力や挑戦を認めてあげられていないからです。それを丸ごと認め、自身で受け入れることができれば充足感が湧いてきます。「今の自分でいいんだ」と思えれば、それがもうスピリチュアルです。実はこれが幸せになっていくために私が踏み出した一歩でした。

◆サイキック能力やコーチングはスピリチュアルではない

ここで一つ伝えておきたいのは、本書で言うスピリチュアルの定義についてです。スピリチュアルというと、サイキック能力やコーチングのことを連想する人もいるようですが、それらは、本来、スピリチュアルとは別モノになります。

サイキック能力は、もともと人が備えている五感が鋭く敏感になり、大きなエネルギーとして発動するものですし、コーチングについて言えば、自己を変化させて良い方向へ持っていこうとするポジティブな考え方に導くマインドコーチを指しますので、スピリチュアルとは真逆のものです。

スピリチュアルを元々の語源から説明すると、スピリット、いわゆる魂という意味になります。スピリチュアルは、その魂に向けられたもので、あくまで内観であり、内省です。瞑想は意識を自身の魂に向け、考えや行動をかえりみることで自分への理解を深め、自分の力でより豊かな人生を進むためのプロセスとなります。

本当のスピリチュアルとは

スピリチュアルは愛があってこそです。日本で愛という言葉から連想するのは、恋愛や親子の情愛というイメージですが、スピリチュアルでいう愛は根源的な愛です。

この根源的な愛を理解してもらうために、赤ちゃんの成長を思い浮かべて欲しいのですが、赤ちゃんは、周囲の人たちに生まれたままの姿を受け入れてもらって成長して大きくなっていきます。親であろうとなかろうと、ありのままの姿の自分を受け入れてくれる人から100%の根源的な愛を受け取ることで大きくなれるわけです。

スピリチュアルでいう根源的な愛とは、赤ちゃんの成長過程のように、できる自分もできない自分も、すべて丸ごとそのままの自分自身で100%受け入れる愛です。その愛があってこそ、魂も成長して大きくなれる。それがスピリチュアルでいう根源的な愛です。

スピリチュアルが根源的な愛であることを知り、行動していくなかで私が感じたのは、人が成長するとき、変化するときには、必ず「自分自身を認める愛」「自分自身を受け入れる愛」が必要であるということでした。

04

「根源的な愛」の話

まずは今の自分を受け入れよう

スピリチュアルで幸せになっていくために、まずは今の自分を受け入れましょう。意識を自身の内側に向け、外側に向かっていこうとするエネルギーを遮断してください。そして、できる自分もできない自分も受け入れて、これまでの努力や頑張りを認めることができるようになれば今の自分の現在地がわかります。そのすべてに充足した感覚を持てなかったとしても、その一部分でも充足された感覚があれば、それが本物のスピリチュアルです。

今の自分を受け入れられないままでいると、自分の現在地がわからず、理想や妄想のなかに生きるしかありません。ただただ辛い頑張りに取り組むことになります。それでは今の自分を最大限に活かす方法など考えられるはずもなく、「幸せになりたい」と怨念のように呪いながら人生を終えることになるでしょう。

あなたは幸せになるために生まれて来たのですから、今の自分を受け入れ、根源的な愛で満たされていいのです。それができると、自身のエネルギーをどこで使うのがベストなのかがわかり、自分自身を最大限に活かす道を、適切に選択できるようになります。

今の自分を最大限に活かす方法を考えよう

理想や妄想こそが自分の目指す幸せであると勘違いしてしまうと、そのギャップを埋めようとして変に頑張ってしまうようなことにもなりかねません。

すこし極端な話をしますが、たとえば80歳になっているのにも関わらず、20代の時と同じように颯爽と国内外を問わずあちこちに出かけて、精力的に活動している自分を理想にしてしまうと、どんなことが生じると思いますか？　想像がつくとは思いますが、おそらくどうしたって背中が痛い、腰が痛い、しんどい、という自分にぶつかり、へきえきとして変に努力を重ねてしまいます。理想や妄想を実現していくために、ただただエネルギーを傾けて費やしていくことになる。

けれど、もし80代の自分を受け入れられていたらどうでしょうか。年齢を重ねたせいで少々くたびれてしまった自分の肉体を、どのようにして使っていけば自分を最大限に活かせるのかを考えられますし、対策だって立てられるようになります。たとえば、外出時には家族に応援されたり、カラダに負担のない移動の方法を用いたりもできます。

理想や妄想を追いかけていくだけでは幸せにはなれないことに、ある程度は気づいていただけたでしょうか？　本当に幸せになりたいのであれば、「自分自身を認める愛」「自分自身を受け入れる愛」が必要です。今の自分を受け入れたうえで今の自分を最大に活かす方法を考えていきましょう。

◆理想と向上心は全く別のモノ

このように話すと「理想を追いかけなくなったら、向上心は無くなりませんか」と質問されることがあります。これについてまず認識して欲しいのは、理想は向上心とは全くの別モノであるということです。

今の自分を認め、それを受け入れて前に進んでいくのが向上心です。向上心があれば、今の自分を最大限に活かしていけます。それに対して理想というのは、今の自分とすごくかけ離れたところにあるものです。誤解を恐れずに言ってしまうと、それは今の自分を受け入れなくても描ける幻想や妄想であり、ファンタジーの世界の話になります。

ここで私たちが気をつけておきたいのが、この理想や幻想、妄想、ファンタジーの世界の扱いです。スピリチュアルには自分自身を丸ごと受け入れる根源的な愛が必要なのに、理想や幻想などを優先して追いかけていると、根源的な愛から離れたところへと向かってしまいます。

05 棚ぼた的なスピリチュアルでは、幸せにはなれない

ポジティブマインドで幸せになれると思う人は、読まないでください

「自分を良くしていけば、その波動がいいものを引き寄せる」という話が、今はとても流行っていますが、これはすごくポジティブな発想を持つアメリカで主流の考え方に基づいています。「ポジティブ思考になっていくほど良い」というのは、自己肯定感を高めるコーチングみたいなものです。目標設定をしてスキルを向上させ、ネガティブな考えを減らし、心身ともに健やかになる生活を心がけ、有意義な人間関係を築くためにコミュニケーション能力を高めていきます。良くなるためにありとあらゆることに取り組む努力を継続的にして、自身をがっちりとしたポジティブマインドに仕上げていく過

程を踏むものです。

でもこれは先ほどから伝えているように、スピリチュアルではありません。なぜなら自分を認められず、今現在の自身の受け入れもできていないからです。

今の自分から目をそらして、自分の外側にある理想を手に入れても幸せにはなれません。追いかけても無駄にエネルギーを放出するだけです。自分をポジティブマインドに仕上げても、明るい未来はやってきやしないのです。残念ですが、充足感を得ることもできないですし、ポジティブマインドでは幸せにはなれないのです。

魔法があなたを幸せにしてくれると思う人は、読まないでください

先ほども伝えたように、日本では直感や占い、霊能力などのようなサイキック能力を使って自分を良くしていくのがスピリチュアルであると思われがちです。実は私自身もスピリチュアルを学ぶまでは、そのように思っていました。だから「スピリチュアルと

いうのは愛なんだよ」と教えられたときに、衝撃を受けたのを昨日のことのように覚えています。

サイキック能力を使って自分を良くしていくということは、今の自分を認めてもいないし、受け入れられないままの棚上げです。自身をつくろうことなく今の自分を認めて受けいれる根源的な愛が、そこにはありません。根源的な愛があってこそ幸せになれると教わって、サイキックのような特別な能力では幸せにはなれないことを知りました。

この本を手にしたあなたが、もしもコーチングやサイキックで幸せになる道を模索しているのであれば、ここで本は閉じてください。本書は、本物のスピリチュアルを語る本です。自己肯定感を高めるコーチングの話でもないし、サイキックのような特別な能力や魔法の力を語る話でもないからです。

コーチングやサイキックを使って幸せを模索するのは、たしかに苦労なくラクに幸せを手にできるような気がしますが、それをスピリチュアルだというのは間違いであることを理解してください。

06

本物のスピリチュアルで、幸せになろう

幸せを追いかけても意味はない

本書では、あなたが生まれてからずっと願ってきた幸せを手にしていただけるよう、私が3人の魔女たちから教えてもらったことを公開していきます。読み進めていくと、最初は自分の持つ感覚との違いに驚くかもしれませんが、安心してください。それはみんな同じです。私たちは、他人の幸せの定義に基づいたものを追いかけて「幸せになりたい」と生まれてからこのかたずっと頑張ってきました。でも「私は幸せです」と胸をはって言えるような幸せにたどり着くには、自身の頑張りを認め、今の自分を受け入れることが大切であることは、ここまでの話で感じ取っていただけたのではないかと思います。

幸せは追いかけていても無意味です。ただエネルギーを浪費してしまうだけ。このことが、なんとなくでもインプットできていれば、この先、本書を読み進めていくうえで理解を深めていく助けになります。

根源的な愛に溢れる本物のスピリチュアルを学ぼう

理想を追い求めて「幸せになりたい」と言いながら、コーチングを受けたり、自己啓発本を読んだり、スピリチュアルとは全く正反対のことをしている人たちは、自分の向かっていく先がわかっていないことが露呈していると言えます。

ここで幸せの幻想を追いかけることをやめないと、あなたの人生はこの先も良くはなっていきません。そろそろ本当のスピリチュアルを学んでもいい頃合いです。

今の自分を受け入れて、今の自分を最大限に活かしていく、本物のスピリチュアルを学んでいきましょう。

Chapter.2

魔女の教えで幸せになる

01

魔女との出会い

スピリチュアルに触れて、魔女の存在を知る

幼い頃から感受性は強いほうでした。それに気がついたのは20歳の時です。それまで自分が普段から感じていることを人に話したりすることもなかったですし、人がどう感じているのかを聞いたりしたこともなかったので、周りの人はみんな自分と同じような感覚で日常を過ごしているのだと思い込んでいました。けれど20歳の時に、自分の霊感がすごく上がったのを感じて、思い切って父に話してみたところ、自分はそんな血筋を持っている家系に生まれていることを知りました。でもその時はスピリチュアルに興味をもつことはありませんでした。

その後、さまざまなことにぶつかり、抱えていた悩みの大きさに自分が飲み込まれて、カラダをすっかり病んでしまいました。医者にかかったのですが一向に良くなる兆候もなく、何か別の方面からアプローチする必要性を感じて、スピリチュアルにたどり着いたのです。

スピリチュアルを学び始めると人生の節目がやってくるタイミングで、私は何人かの魔女たちに出会うことになりました。「魔女に会った」というと驚かれる人もいるかもしれませんが、3人ともすべて実在する人物です。それぞれの持ち味で、私に本物のスピリチュアルと人生を生き抜く哲学を教えてくれました。

その時の私には、人生について不思議に思うことや疑問に思うことがたくさんあり、魔女たちはその一つ一つを聞いて乗り越える方法を教えてくれたのです。そのときに私が抱えていた疑問は次のようなことでした。

・素晴らしい能力や誰もがうらやむような才能があったとしても、人はそれを十分に活かし

て豊かな人生を切り開いていけるとは限らないということ

・良好な人間関係を築こうとして日々努力しているにも関わらず、それが思い通りにいかないことが多いこと

・条件や状況が整っている環境にあっても、人によっては叶えられない未来があること

などなどです。

驚くことに、魔女たちから教えてもらったことを実践していくと、それがだんだんと腑に落ちていきました。

魔女は実在する

実在する魔女たちですが、彼女らはどのような人たちでどのような暮らしをしているのでしょうか。気になる人もいると思うのでここで説明しておきましょう。

魔女とは、霊的な能力を使い、人の背景を見ている人たちのことです。魔女にもいくつか種類があり、魔法を使う魔女や魔術を使う魔女、また怖くて怪しい黒魔女、人を助ける白魔女、という分類もされています。住んでいるところは、意外にも人間に混じって私たちと同じような生活圏に暮らしています。期待を裏切るようですが、山奥や洞窟のような人里から離れたところにいるのではありません。裕福かどうかでいえば、どちらかと言うとちょっとリッチな生活をしているケースがほとんどです。

主な魔女たちの教えは、ヨーロッパ的です。そもそもアジア的な教えであったり、アメリカ的な教えだったりと魔女には系統はありますが、元になるのはトゥーラという教えで、自身に備わっている無限の可能性を探求して自己実現をしていくまでのプロセス、高次元の意識や霊的な目覚めを起こすための方法、愛のあり方などを説いています。

小さな国がいくつも隣接しているヨーロッパでは、はるか昔から情報交換や交流が激しく行き交っていました。戦争になると、人々をコントロールするために宗教が利用され、そこでトゥーラは都合のいい解釈がなされました。広まっていく過程で、それぞれの地域文明に合わせて細分化していったのです。アメリカではインディアンとの戦いが基本にありましたので、教えはそのままの形で変化なく統一されて歪むことはありませんでしたが、ヨーロッパでは、小さな国がたくさんぶつかりあっていたので、それぞれが似たり寄ったりとはいえ、細かい系統に分かれていきました。

ヨーロッパに最古の魔女の歴史がある理由は、それこそ小さな国がたくさんあったからで、雑踏に紛れて魔女をかくまうことができたからです。一見、ヨーロッパには原型から離れた細分化している教えしか残っていないように思えますが、実は俗世間と距離をとっていたヨーロッパの魔女たちは、原型に近い形でトゥーラの教えを残すことが可能だったのです。

当時の魔女たちは迫害にあい、殺害される魔女も多くいました。「中世の時代の魔女はいない」と言われているほどです。しかしそうなると、アイルランドの魔女も言っていましたが、本当に使える教えだけを残そうとするのも真実で、昔の人たちがどれだけの思いで魔女の教えを残したのかを想像せずにはいられません。

ヨーロッパではいつも戦争をしていました。いつ何時、自分のいる国が滅びるかわからない状態でしたので、そういう意味でもヨーロッパでは場所の限定はせずに、あちこち、いろいろなところに教えを隠していったのです。「隠した教えのうちのどれか一つでも残ればいい」というような発想であったことが推測できます。

実際に1983年には、聖典のようなものもヨーロッパで見つかりました。300年、400年前に置いたものが1983年に見つかった……こういう類いの話が、ヨーロッパにはたくさんあるのはこのためです。

02 魔女と出会い、人生の捉え方が変わる

人生が好転し始めたのは3人の魔女の教えを学んでから

3人の魔女に出会い、私の人生は好転し始めました。一人はアイルランドに住む魔女、一人はイギリスに住む魔女、もう一人はオーストラリアに住む魔女です。3人ともタイミングはそれぞれ異なりますが、ほぼ同時期にお会いしています。この3人の魔女に出会って以降、日常生活に、それまでとはまったく異なる変化を感じるようになりました。

本書では、幸せな人生を生きていくために私が魔女から教わったことについてお伝えしていきます。まずはざっくりと、3人の魔女から教えられたことについてです。

幸せな人生を生きていくために、３人の魔女が教えてくれたこと

◆オーストラリアの魔女から教わったこと

瞑想を教えてくれたのは、オーストラリアの魔女でした。魔女のもとで徹底的に瞑想のトレーニングを積んだおかげで、客観的な視点を身につけました。この世に生を受けた自分の人生ではあるけれど、瞑想を通じて人生をただ主観的に生きるのではなく、客観的に自分自身を見つめて生きる力を得られるように、教えを受けたのです。

◆イギリスの魔女から教わったこと

「世界は、見えているものだけでできているのではない」と、教えてくれたのはイギリスの魔女でした。この世界はさまざまな要素が影響し、波動が相互に作用して現実が形成されていることを知りました。私の場合は、当時から感受性が強く、周囲の人たちには見えないものが見えている事象もありましたが、それもあくまで見えているもので

あり、魔女の指摘している対象ではないことも教えられました。

◆アイルランドの魔女から教わったこと

つながりへの感謝の大切さを教えてくれたのは、アイルランドの魔女でした。この世に生を与えてくれた親への感謝、兄弟・姉妹、友人たちとのつながりへの感謝、自然への感謝、生命への感謝、これらが自分の存在を形作っていることを理解しました。

これまでの自分の人生の価値が変わる衝撃はこの上ないものでした

この3人の魔女たちから受けた影響で、自身の人生の捉え方と物事の見方が変わり、現実的な悩みや問題に向かう姿勢にも変化が生じました。目の前の課題を客観的に見ることができるようになると、角度を変えて自分の人生が見えるようになり、結果としてすべてが好転しだしたのです。これまでの人生の価値観がひっくりかえるくらいの衝撃だったことは間違いありません。

ここからは魔女たちの教えのなかから、衝撃的だったものを四つピックアップしました。これらを読んであなたはどう思うでしょうか。

◆運命は決まっているから努力はしない

魔女に会うまで、私は毎日コツコツ努力するタイプでした。スポーツをしていたこともあり、目標を設定してそこに自分を厳しく追い込むことで、人生を進めていたのです。勉強も同様で「努力した分は必ず結果につながる」と信じていました。

しかし、魔女たちはそんな私にこう言うのです。「運命は決まっています。だから努力は必要ありません。」と。何事も努力すれば成功すると信じていたので「自分がこれまでしてきた努力は何だったのだろう。」と思い、正直、心が揺れました。

だってそうですよね、何に関しても努力さえできれば、物事はうまくいくし、努力を続ければ結果は好転するって思い込んで生きてきたのですから。ここで急に「努力しなくてもいい」と言われても、すぐに対応できるわけがありません。努力しないなんていう選択は、あの時の自分にはできるはずもありませんでした。

◆運命は変えられないし、変わることもない

当時の私は、運命を変えるための努力を人生の中でたくさんしていました。でも魔女たちはそんな私にこう言うのです。「運命は変えられないし、変わることもない」「理想や幻想、ファンタジーの世界にエネルギーを注いでいても、欲しいものは手に入りません。そのまま人生は終わってしまいます。」と。

たしかに私たちは、夢や希望があるから日常的にコツコツ努力できると思っているところがあります。自分にもそれが染みついているので、何が正解で何が間違っているのか、わからないような状況になりました。

◆未来にエネルギーを注ぐのをやめて、今を受け入れる

私は「欲しい未来は努力して手に入れるものだ」と思っていました。でも魔女たちはそんな私にこう言うのです。「自分の人生を受け入れることがとにかく大事。受け入れられていないから、もっと良くしようと努力をしてしまう。今の自分を受け入れて、自分の人生を生き切ることに喜びをもちなさい。」「今が結果です。その今を受け入れ、その『今』という結果を味わいなさい。」「思っているような未来がくるとは限らないので、未来にエネルギーを注ぐことはやめなさい。」と。

しかしそう言われても、当時の私には正直、禅問答のようにしか聞こえませんでした。問いと答えが繰り返されているのに、まったく話が進展していかない。でもこれを3人の魔女たちが3人とも同じように言うし、スピリチュアル界の巨匠と言われるような人や物事を極めている人物も同様に言うので、私はこれを受け入れてみることにしました。

魔女たちのもとでトレーニングを続けていくと、驚くことに本当に手にしたいものを手にできるようになっていきました。頑張って努力するよりも、今を受け入れることの

ほうが大事で、未来を幸せにする近道であることを体感できたのです。

◆助言をすると、相手をコントロールすることになる

私たちは周囲にいる大切な人たちのためにアドバイスをすることがありますが、その人が回り道をしたり失敗をしたりすることのないように、良かれと思ってつい先回りしてしまいます。でも私は魔女に言われました。「助言は求められるまでしない」と。なぜなら助言はコントロールになるからだ、と教えられたのです。

たしかにこちらからすれば、自分の助言のとおりにその人が道を歩むことができたら、それが最良であると思うかもしれませんが、本人にとっての幸福度は高くならないケースがほとんどです。望まれてもいないのにするアドバイスはコントロールでしかなく、相手のためにはなりません。

こちらからすると間違っていたり遠回りに見えたりするようでも、相手から求められるまでは助言はせずに、その人の行動や選択を否定することなく、自尊心や信念を尊重

していけば、その人の幸福度は高まっていきます。

3人の魔女からこれらの話を聞いたとき、私は頭の中がグルンとひっくり返るような感覚になりました。これまでの自分の人生の価値が一掃され、新たな価値観が育っていくような衝撃です。

戸惑っている私を見て魔女たちはこう言ってくれました。「君の価値観が変わったってことだから、セレブレーションだね！　おめでとう！」と。それだけ私たちは、凝り固まったモラルのある考え方を正解だと思って生きているのです。

03

魔女は見たことのない景色を見ている

意識を変えると見える世界が変わる

魔女たちの講義は、座学だけではありません。私を外に連れ出して自然の美しさを見せてくれたり、共に歩きながら言葉を交わすなかで自身の振る舞いを見せてくれたりもしました。

魔女と行動を共にしていると、それまで見たこともないようなことを目にする機会があります。世の中では「奇跡だ」と言われているような現象が、目の前で次々と起こったりするのです。ミステリーサークルが1日で出来上がったり、夕陽が落ちるときにピンクに色づいた虹があらゆる方角に出たり、森の中を歩いていると妖精が作ったとしか思えない輪っかを見せられたり。目に見えない事象や、決して人間にはできない妖精の仕業を見せられて「意識を変えると、自分に見える景色は確実に変わるのだ」と教えられたのです。

私は魔女が見せてくれた世界にすっかり魅了されました。自分の意識をこの3人の魔女たちに近づけることができたら、見える世界も違ってくるのかもしれない、と思うようになったのです。

ベストタイミングを察知する

魔女たちは、世の中は自分の頭の中で考えたり思ったりするだけの世界ではないことを、実際に見せてくれて体感させてくれました。おそらく私の性格からして、実際に見せてもらえないと理解は深まらないであろうと思うので、このように強制的に魔女たちは見せてくれたのだと思います。

魔女たちは自らがその奇跡を作り出しているわけではなく、その奇跡が起こるタイミングを察知する能力に長けているのです。いつ起こるかわからない自然現象を目にするベストタイミングを察知して私にも見せてくれました。

イギリスの魔女の言葉を借りれば、世界は目に見えるものだけでコトは起きないし、この世界はいろいろなものが影響しあって波動が共鳴しあい、現実的に目の前のコトが起きています。自分の把握できている範疇を超えて、世の中は進み、未来は作られていくのです。

04

魔女は欲しがらない

自分の幸せを求めない

「自分が幸せにならなければ、他人なんて幸せにできるはずもない」と思う人は多いようですが、あなたはどのように思いますか。逆から言うと、自分が幸せになれば、周囲の辛い思いをしている人たちが自分と一緒に幸せになれるということになりますが、それは果たして本当でしょうか。

私が出会った3人の魔女たちは、自分の幸せなど追い求めてはいませんでした。自分がしたいこととか、自分だけが得をするとか、自分だけが良くなることは決してやらないのが魔女です。魔女たちは周囲の人の幸せを見届けることで、自身の幸せを感じていました。それだけで魔女は幸せなのです。これが自然の流れになります。けれども自分の幸せをひたすら追い続けている人たちは、この流れをすっかり忘れてしまっています。

魔女は「周囲が幸せでなければ、自分は幸せになれない」と考えています。そもそも魔女は自分の幸せなど求めてはいないのです。

「人を幸せにする」は自分のエゴであることを知っている

しかしここで注意しなくてはならないのが、「人を幸せにする」という考え方です。これは、結局は自分のエゴでしかないことを理解してください。本人の主体性はなく、あくまで幸せに導こうとする側の価値基準を受け入れるという姿勢ですから、本人は自分の幸せの定義とは異なる方向へと導かれていることになります。また「人を幸せにする」と口にする人は、相手をコントロールしていることにも気づいていないのです。

大切なことは、あなたが自分の人生を受け入れ、自身の手で人生を思い通りにした結果です。あなたがそのひとりになれば、あとに連なる人はそれに倣えばいい。そうなればあなたを含めたすべての人たちが幸せになれます。

だから魔女は「幸せになりたい」とは言わないのです。自分の幸せも求めないし、人を幸せにするという自身のエゴを押し付けることもありません。

05

魔女は自然の流れの中に生きている

自然の力を上手に使う

魔女は自然の流れのなかに生きていて、月の満ち欠け、太陽の動き、雨、風、霧、雪など天体の動きを含めた現象をメッセージに変えて読み解き、ベストなタイミングを上手に掴んでいます。

まったく知らない土地にやってきて道に迷ったとしても、自分が選ぶべき道に蝶々が飛んだり、光が差し込んできたりして、進むべき道がわかると魔女たちは言います。直感が働くので、「今日はあまりいい感じがしない」と思うときには、それが何かのタイミングだとわかるのです。たとえば、どんなに仕事が詰まっていても無理をせず、今夜は早めに休んだほうがよさそうだ、と察することができれば、流れのままに早めにカラダを休めたり、続けるとしてもペースを落としたりなどの判断をしています。

けれど、私たちなら「そうは言っても、このタイミングを逃したら……」などと思って合理性を優先させてしまいがちです。するとそれが体調を崩すきっかけになってしまうケースも多々あります。

魔女は、常に自然の流れに身を置いて、自分を自然の一部として扱っているのです。

自然の力を使ってタイミングを掴む

魔女は、絶妙なタイミングを手にしています。努力をするよりも今の自分を受け入れることに意識を向けて、その絶妙なタイミングを逃すことのないようにしているのが魔女たちです。

この章の最初で「運命は決まっているから努力はしなくていい」と魔女から教わり、

大きな衝撃を受けたことはすでに伝えしましたが、実はこのような盲目的にしてしまう努力が、タイミングを逃してしまう原因になることがあります。私たちは自分の目の前のことに夢中になっていると、それ以外のことや周囲に起きていることについて、良いことも悪いことも感知できなくなりがちです。ベストなタイミングがやってきていたとしても、それにまったく気づけません。これは非常に残念なことです。

なので「努力をしたら報われる」のような染みついた固定概念を自身から無くして、今の自分を受け入れ、自然の流れに逆らうことなく身をゆだねていきましょう。するとタイミングを見逃すこともなくなっていきます。

運命は決まっていますから、現象が起こることは必然です。そこに自分がタイミングを合わせられるかどうかです。魔女はもちろんですが、見ていて運がいいと思う人たちは、自然の力を使ってタイミングを合わせるのが上手です。

06 魔女は辛さを避けずに味わう

人生は経験のためにあるので、味わうことが大切

「人生には辛いこともいいことも、すでに全部プランニングされている」と魔女は言います。だから魔女は何が起きても逃げることはありません。辛さを避けることなく味わってさえいる。辛いことを避けようとする人がいますが、多かれ少なかれ辛いことは必ずやってくるものです。であるならば、味わい尽くしてしまおうというのが、魔女の考え方になります。

なぜ魔女はそのような考え方ができるのでしょうか。魔女は言います。「人生は辛い時期に成長して、うまくいっている時はご褒美の時間である」と。言ってしまうと、う

まくいっている時には成長はしないし、辛いことがなければ成長できないのです。
この世にやって来た魂の欲求にある根本は、成長することです。魔女たちは、肉体を授かってこの世に存在するということは、たくさんの経験をして人生を味わい尽くし、成長をするためだと捉えています。嫌なこと、辛いことを避けているのは、成長するチャンスを逃していることになるのです。つまり、魂の欲求は満たされないまま、人生を終えることになります。

人間は三位一体です。人間の思考や感情、意思などの心の活動を司る「精神」、人間の存在の根源となる「魂」、生きている人間の生身の身体は「肉体」、このどれか一つでも欠けると、人間として成立しません。この三つが協調し協力して、人間は人生を歩むことができている。「魂」の欲求に沿って「肉体」で人生を味わい、辛さや嬉しさを伴う感情の部分を「精神」が担っています。この三つが共に健全であるなら、人生はどんなことでも経験するほうがいいし、味わい尽くすほうがいいと言われています。

病気だって味わい尽くす

病気になったら、嫌ですよね。スピリチュアルにおいて、病気になった自分を受けいれるとき、どのような過程を踏んでいくのでしょうか。

魔女は病気にならないと思っている人もいるかもしれませんが、魔女だって病気になることもあります。そうなったときにどうするのかというと、まずはどうして病気になったのかを考えます。魔女からは、病気は「精神」からくると教えられているので、自分の考え方の何かが自分を病気にしている原因であろうと捉えています。

そして病気になった今現在の自分を受け入れます。受け入れたあとに選択するのは、「逃げる」か「味わい尽くす」のどちらかです。魔女はこの二択で「味わい尽くす」を選びます。

「病気を味わい尽くす」と言われても、一般的な感覚からすると少々理解し難い話なのかもしれませんが、本書をここまで読み進めてくださったあなたであれば、理解できると思いますので、このまま話を進めます。

「病気を味わい尽くす」とは、病気による痛みも辛さも、今の自分が経験しなくてはならないことであると受け止めていく、という意味です。ここまでで伝えてきたように、人生には辛いこともすでにプランニングされているわけですから、病気や不調から回復するまでの経過も、同じく今の自分が経験することであると受け止め、それを乗り越えていくまでの過程を味わっていきます。極端に言えば、痛いことも味わなければなりません。治療するその経過もです。病気になってみてどんな感覚がするのか、治療をしていく過程でどんな思いになるのか、この一つ一つを見ていくというのが、「病気を味わい尽くす」の意味になります。

◆悪い出来事も味わい尽くせば、全て経験に

病気もそうですが、もしも自分自身に悪いことが起きたときに、それをどのようにして良い方向へと転換していくのかも経験になります。経験してしまえば、同じような出来事が再び起きても、それ以降は繰り返すことは無くなります。このように掴んだ感覚や体験、想いなどを一つ一つ確かめて自分のモノにして経験にしていけると、経験があるぶんだけ自分の人生を前へと進めて行けるのです。

合わせて、今の自分を受け入れた先の二択のうちの「逃げる」を選んだ場合についてもここで触れておきます。もし「逃げる」を選んだ場合には、自分本位ではない気持ちが残ります。「外からの要因で、良くないことが起きている」というような気持ちです。

その対極にあるのが「味わい尽くす」です。そこと比較するとわかりますが、この場合には、その病気や良くない出来ことをまるで自分で選択したかのように自身の内側へと意識が向きます。そこではじめて経験が増えていくわけです。経験があれば、求められたときには助言できるようになります。

07

魔女はNOを言わない

NOを言わない

私たちは、自分には選ぶ権利があると思って日々を生きています。だから自分らしくない選択肢を前にすると、必ずと言っていいほどNOを選ぶのです。でも、もし同じ状況下に魔女がいたらどうでしょうか。おそらくですが、魔女はそこでNOとは言わないでしょう。

魔女がNOと言わない理由ですが、NOさえ言わなければ、その先の可能性につながるからです。仮にそこでもしNOと言ってしまえば、その時点でこれまでつながっていたものがいきなり途絶えてしまいます。

でも考えてみてください。選択を求められた時点で、果たしてそれが自分の人生に必要かどうかなどは、その時点でわかるはずもありません。いずれ時間が経って、あとからわかることにはなるのでしょうが、選択する時点ではまだ誰も何もわからないはずです。ということは、そこで本当にNOと言ってしまっていいのか、ということになります。

あなたが選択を迫られたときには、感覚的にはNOであっても、そこで一呼吸おくようにしてみましょう。NOさえ言わなければ可能性は残りますから、何か答えなければならないときには、決して「NO」ではなく「わからない」と言ってください。

エゴと欲に基づいた行動をしていると、自分の人生に不要なものをとりに行く結果になりかねません。NOというのは、今の自分の力量でしか測れない自分に与えられた選択肢です。それを前にして、「自分らしくないと思ったから」とNOを出すのはナンセンスです。言ってしまえば独りよがりのエゴや欲に基づいています。

でも、NOと言っている本人は、それに気づけていません。だから結局、NOと言ってしまって、自分の人生に必要のないことをとりにいく結果になってしまいます。自分の人生のプランにないことに一生懸命になって取り組んだり気を取られたりして、そのまま人生は終わってしまいます。

人生はプランニングされていて、自分に必要だからその事象が目の前にやってきています。でもそこでNOと言って断固としてやらないとなってしまったら、可能性をすべて摘んでしまうわけです。その時点でNOを選択はせずに、そこでは「わからない」として、可能性は残しておくのが正解です。

目の前で起きる事象は、今の自分に必要なことである

目の前で起こる事象は、自分に必要だから起きるのであると魔女たちは言います。

野に咲く花は、自ら水をとりにいくことはできません。水が欲しくても雨が降るまで、

そこに自生して雨を待っています。雨が降って水を受け取り、光を浴びて成長して育ち、やがて花を咲かせ、実をつけていきます。自然の流れに身をゆだね、自然の流れの一部になっていくというのは、本来、そういうことです。

しかし、植物にとって花が咲いて実がなるというのは自然の流れですが、それがすんなりとうまくいくものといかないものがあります。たとえば、途中で葉っぱが破れてしまったり、虫に食われたりしてしまうかもしれない。でも自生している植物は手を加えられることもなく、されるがままです。備わっている機能や特質を十分に生かして、実をつけるまで十分に成熟できるものが自然の中で残っていきます。人間も同じで、自然の流れの中で生きている自分に与えられた試練は、自分の必要なことですから経験しているのです。そして私たちは生涯を終えていきます。

こんなことを言う人たちもいます。「28年会社をやっていますが、今残っている事業は全部自分でやろうと思ったことではなかった。人からやってと言われたことしか残っていない。自分で仕掛けた事業は、ことごとく失敗している。」「あの時のあのタイミングでやっていなければ、今の仕事は手にできなかった。」「スケジュールが厳しいと思っていた案件だけど、このタイミングで向こうからオファーが来たので受けてみたら、うまくスケジュール調整がついてできた。」などです。このように運命は決められているのに、私たちは無意識にその運命に必要なことまで外してしまうことを平気でしています。

実は魔女からの教えで、とりわけ理解するのが難しいと個人的に感じていたのがここで、自分自身が変わる大きなきっかけになったのもここです。意識できれば必ず変われます。

本書ではこれ以降、魔女の教えを具体的に意識して実践することを、スピリチュアルトレーニングと呼ぶことにします。

Chapter.3

幸せになるために自分を整える

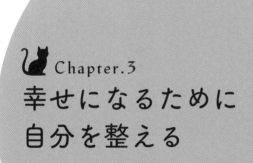

01

イライラモヤモヤは気づきのサイン（癖をとる）

イライラモヤモヤするときの自分に意識を向けてみよう

ここからは、３人の魔女に教わった幸せになるための方法を具体的にしたスピリチュアルトレーニングをお伝えします。

まずは自分を整えていくところから始めます。自分を整えるには、これまでの癖をとり、感情を今に定め、言い訳をしない思考で、行動を起こすことです。

日常生活ではさまざまな場面がありますから、それに起因して心地よくいられたり、嫌な気持ちになったりと、常に私たちの精神状態もいろいろに変容しています。そんな自分の気持ちの変化も敏感に意識してください。特に意識して欲しいのは、自分の気持ちがイライラしたりモヤモヤしたりしているときです。お分かりのとおり、納得できないことや腑に落ちないことがあると、私たちはイライラしたりモヤモヤしたりします。

もし日常でこうした自分の気持ちの動きの変化に気がついたら、そのまま放置しないで、これこそ成長するポイントと捉えて意識していくことが大切です。せっかくチャンスが巡ってきているのにも関わらず、それに気づかずにそのままにしていては、いつまで経っても幸せにはなれませんし、成長もない。経験にもなりません。

ちなみにですが、イライラモヤモヤする気持ちが起きていない状態はその状況についてフラットでいられるということですから、この時点では気にしなくてもいい課題です。あなたはすでにそれらを難なく乗り越えられる力がついている状況にあるという意味になります。逆に考えると、イライラモヤモヤした気持ちになるということは、感情的なものや精神的なものなどが複合的に影響してこういった気持ちになっているということなので、この時点の自分が越えていかなければならない課題が含まれているのです。

イライラモヤモヤした気持ちが湧いてきたら、それは気づきのサイン。自分自身を成長させ、整えていくタイミングの知らせですから、集中して自分に意識を向けていきましょう。

◆イライラモヤモヤは、「私を理解して！」と自身の内側からの叫び

何かに起因して自然と湧き上がってきてしまうこのイライラモヤモヤは、「私のことをちゃんと理解してよ！」という心の内側からの叫びです。この心の叫びに対して、私たちはどのようにして対処していけばいいのでしょうか。

イライラモヤモヤは、自身に課せられるストレスから起こる現象です。これまで私たちが受けてきた教育では、自身にふりかかるストレスに対して、前向きに頑張るように教えられてきました。たとえば「嫌な顔をせずにやりなさい」「やらなきゃいけないことなんだから、率先してやりなさい」というようにです。だから私たちは無意識に、そのストレスを無くそうと試みたり、どうにかしてそのストレスに立ち向かって乗り越えようとしたりするのですが、イライラモヤモヤしてしまうのが現実です。

でも私が魔女から教えてもらったイライラモヤモヤへの対応の仕方は、それとは異なります。嫌なことを率先してやる必要もありませんし、その気持ちを、何かほかの感情や感覚に変換する必要もありません。その事実をそのまま自身で受け入れて「自分を整えるきっかけ（チャンス）がやってきた」と認識することが何より重要であると教えられました。認識できれば、どうして自分はイライラモヤモヤするのかを理解できるようになります。

◆イライラモヤモヤする時の感情と行動パターンは癖づいている

イライラモヤモヤは、あらかじめ人間にセットされているものです。条件が揃うと、反射的にイライラモヤモヤする感情が湧き、それが自動的に行動にも結びついていきます。イライラモヤモヤすると、「こういう言葉を口に出して、こんな行動を起こし、最終的にこの形になる」というように行動がパターン化するのです。これは私たちの頭の中の思考パターンからくるシステムで、自動的にスイッチが入ります。

自分の話になりますが、私は人に追い立てられるのがすごく苦手です。期間的に余裕のあるときであれば話は別ですが、今まさに取り組んでいるにも関わらず、そこでスケジュールが切られて「〇日までにやりなさい」とか「どう？　できましたか？」などと急かされるのが本当に嫌。そのような状況下になると、勝手にスイッチが入ります。「そんなこと言われなくたって、今やっているし！」とイライラしてしまうと、まずやる気がなくなるのです。それで無理やり気分転換しようとして、やっていることとはまったく別の自分の好きなことに目を向けようとして、そこから逃げ出してしまう結果になります。でも逃避したところで、当然やらなくてはならない状況にあるのは変わりませんから、そこで言い訳が始まります。「ちゃんとやっているのに、急かすようなことを言ったアイツが悪い。」と他者に向けて感情的になり、結局、最終的に何にも手をつけずに終わってしまう。これが私のイライラモヤモヤから始まる行動パターンです。

イライラモヤモヤに気づけば、癖づいたハマりやすい傾向から抜け出せる

この自動スイッチが作動しても生み出されるものは何もありません。イライラして怒り、モヤモヤしてやっていたことを途中で投げ出す。人によっては泣くというパターンになる人もいます。だいたい最後の到達点は、感情にたどり着くことがほとんどです。このパターン化は、幼児くらいの時に形成されて、中学生の頃には完成します。

ところが、自分に意識を向けていくことができれば、出来上がってしまったこのパターンを制御することが可能です。仮に自動スイッチが入っても、最終的な到達点に行く前の段階でストップできます。

自分を整えていく過程では、この自動スイッチが入らないように自分で制御するタイミングがやってきます。先ほどの私の例でいえば、イライラモヤモヤからパターン化してしまう行動に自動スイッチが入ったとしても、最終的に怒って何も手につけず終了するようなところまでにはいかなくなる、逃避する段階くらいで行動が抑制できるように

なるなどです。もう少し良いケースだと、人のせいにするところで止まれる可能性もありますし、急かされたことにイライラモヤモヤすることさえもなくなるケースもあるかもしれません。

イライラモヤモヤは、私たちが無意識でやってしまう条件反射です。これを気づきのチャンスにできれば、自分の最悪なパターンから抜け出すことが可能になります。

魔女からは中庸にいることの大切さを教えられました。中庸とは偏らず、調和がとれている状態のことです。瞑想のトレーニングで究極まで行くと中庸に入り、感情に振り回されなくなったり反射的にしてしまう行動も起きなくなったりすると言われます。スピリチュアル用語ではこれを「グラウンディングする」といい、その教えを体得する為には、イライラモヤモヤに気がつくことが大切です。感情を抑え込むのではなく、気づくことが大切なのです。

自分の癖は、意識さえすれば治ります。でも癖に気がつかないと、ずっと同じことを続けてしまう。だからイライラモヤモヤした気持ちの違和感や心地の悪さに気づいて、意識していけば、自分を整えることができます。

自分が整った状態とは

ここからは自分が整っている状態について解説していきます。

自分が整っている状態というのは、「精神」と「肉体」と「魂（スピリット）」が三位一体で調和が取れている状態を指します。現代社会で生きていくためには、この調和のとれた人物になることが幸せになるポイントです。

この時代に生きる私たちが、調和を取るためにしなくてはならないのが、デジタルデトックスです。今は非常に情報過多な状況ですから、日々届く情報の量については注意しなければなりません。時には情報を遮断し、精査するようなことも必要です。情報は「精神」の部分が担いますから、情報量が多いとどうしても頭でっかちになり、この調和をいびつな形にしてしまいます。

調和が取れなくなると「肉体」は病気になり、「魂（スピリット）」は、物質的な部分に働きすぎて魂の目的を見失っていきます。でも忘れないでほしいのは、魂の目的は成長することです。もし調和が取れなくなってしまうと、魂の目的である成長は、果たすことができないまま人生を終えることになります。

精神的に安定していて、豊かに色々なものを受け入れられて、健康なカラダを保ち、自身の魂の意志に従った生き方をするというのが、人間でいうところの自分が整った状態の最高峰です。

だから教え導くような人たち、いわゆる魔女のような人たちは、この「精神」「肉体」「魂」のそれぞれを成長させて調和をとり、自身を高めていきます。それが人の成長のプロセスであり、自分を整えていくプロセスになるのです。

02

過去は変えられない（感情）

過去は過去で割り切る

私たちは、過去の経験から物事を判断し、未来が良くなるように選択を繰り返しています。でも自分が経験したことがないものに関しては、ゼロから決めなくてはなりません。それなのに私たちは、目の前にある課題が過去の経験とはまったく違う条件や事象であっても、過去の経験を参考に予測して、現在のことや未来のことを決めてしまいます。

でも過去の経験にある成功例をもとにし、同じようにやってみても、状況や条件、環境が違えば上手くいかないことも当然あります。

また私たちは、失敗したくないという恐怖から、無意識で過去の経験を少しずつすり替えていることも知っておいてください。良い思い出は残るけれど、辛い過去や嫌な思い出はしだいに薄れ消えていきます。だから、時間と共に嫌な過去も美しくなっていくのです。このように、事実とは異なる美しい経験は、何の参考にもなりません。

自身を整えていくには、過去は過去として割り切って、今に生きることが大事です。大切なのは今であり、現在の積み重ねが未来につながる事を忘れないでください。

◆いまの自分の状態から物事は考えていく

私たちは、過去の経験から判断した結果、今が上手くいっているように思うのかもしれません。でもそれは過去の経験に沿って今のあなたがやっているからで、逆にいえば過去にうまくいかなかったことも、今の自分が同じことをやったら成功する可能性だってあるわけです。でも過去にとらわれていると「前に失敗したからやめておこう」と思い、前に踏み出せなくなってしまいます。過去は過去です。それを理解していないと、過去の延長線から生まれる未来しか創造できません。そうなってしまうと、開けていくはずの未来を狭めます。良いことも悪いことも、過去は過去ですから、今とは一旦切り分けて、今の自分の状態から未来につなげていきましょう。

私たちは日々成長することが目標ですから、過去については「あ、そういうこともあったな」くらいでいいのです。たとえば、「もう一度、あの景色が見たいな」と思って再び同じ場所に行っても、似たような景色は見られるかもしれませんがまったく同じ景色を見られるわけではありません。過去に乗った飛行機の機窓からみた風景をまた見たいからと、再び同じ空路で同じ時間に出発する便に乗っても、天候や季節、諸条件は常に違います。曇りだったら太陽は出てこないし、山々も雲の下です。晴れていても過去の風景とまったく同じ景色が見られるわけではないのです。

人生というのはその瞬間が美しいだけで、それを過去に戻って取り戻そうとしても、同じ景色は見えない。今が未来につながるわけですし、ここから未来を作るのです。

「今に居なさい」

「スピリチュアルトレーニングで大切なことは今に居ることです。一瞬前のあなたも、今のあなたとは違います。」と私は魔女から教えられました。

感情が過去に残っていると、今に居るのにも関わらず、どうしても過去のことを優先して物事を考えるようになります。私たちが思い出す過去は、実は正確な過去ではなく、先ほどからも説明しているように、少しずつすり替えた美しい過去です。感情からくる美しさはいいですが、面倒臭さや嫌だと思う気持ちは、自分で勝手に美しい過去に転換して思い出しているので、正確な過去など何ひとつないわけです。

過去には戻れない。過去にとらわれるのはナンセンスです。大きな失敗をした過去を、今現在や未来に取り戻すことはできません。「今の自分」がいいと思うことは何かを知り、そこに居ることが懸命です。

過去思考で感情を過去に残して、頭では未来を思考して、現在の行動をしているようでは、過去、現在、未来とバラバラなところにそれぞれ自分がいる状況ですから、整えていく過程を踏めるはずもありません。自分を整えるには、すべての感情と思考、そして行動を「今の自分」に注ぐことが大切です。

◆エネルギーの使い方を変えると加速して自分が整っていく

人生という営みは、たとえるとレールを走る列車です。列車には、先ほども触れた「精神」「肉体」「魂（スピリット）」の三位一体で調和をとる人間が乗っています。

私たち人間は、運命という決まったレールの上を列車に乗って走っているので、道を変えることはできません。でもその運命をコントロールしようと思っている人たちがいます。人生を生きるうえで、余計なところにエネルギーを注いでしまっているのがこの人たちです。

運命のレールの上を列車がきちんと走るようにしていけばいいのに、「ここで辞められるんじゃないか」「違う道を選べるんじゃないか」と思ってしまう。これが理解できないと、本来かけるべきところにエネルギーがかけられず、いらないことにエネルギーを使ってしまって、列車が走りにくくなってしまいます。列車が走りにくくなると、前へ進むのに負荷がかかってしまうのです。

自分を整えるには、「精神」「肉体」「魂」の三位一体の調和をとれるようにエネルギーの使い方から変えていくことです。過去ではなく、今の思考や感情、行動にエネルギーを注いで「精神」を整え、精神が整うと「肉体」が整い、最終的には「魂」が整っていきます。

03

意味付け、理由付けをしない（思考）

意味付け、理由づけをして、成長ポイントを見逃すな！

「小さいときに母親から愛されなかったから、こんな人生になってしまった」とか、「うちは貧乏だったから、こんな性格になったんだ」と、ぼやいている人を見かけませんか。

このような人たちの課題は、人との関係性を円滑にするコミュニケーション能力を向上させることにありますが、それを母親のせいにしたり、貧しかったせいにしたりと自分にふりかかる悪い事象にこじつけて勝手に納得しているケースが多くあります。成長がない人たちの典型です。

今の自分の現状を納得させたい気持ちはわかりますが、後からつける理由など自分に都合よく改ざんしているだけの話で、無意味です。それよりも正確に自分を分析するほうが、その後の人生にも活かせます。でも、ついこれをやってしまうのが私たち人間です。自分にとって都合がいいからやってしまうのですが、それを繰り返していくうちに、私たちはそこから抜けられなくなります。

今の自分の状況について後から意味付けや理由づけをしても、成長ポイントを見逃すだけで、いつまで経っても堂々巡りです。今の自分から過去を思い出すのではなく、未来を思考していきましょう。

なぜ、何度も同じようなことに悩み、ぶつかるのか

「意味付け、理由づけは無意味だ」と言われても、同じような状況が自分に繰り返し起こると、「せめて意味付けや理由づけをしないと、人生なんてやってられないよ」という声も聞こえてきます。

私たちは、なぜ同じようなことに何度も悩み、ぶつかるのでしょうか。

本来であれば、一度経験して無事に乗りきり、その乗り越えた力が自分の身に付いていれば、同じ問題は起こらないはずです。でも同じことが繰り返し起こるというのは、コトが乗り越えられずに、うまくかわしているか、それとも逃げているか、という意味にとれます。

もしコトが起きたときに、後から意味づけ、理由づけをしているようでは、乗り越えなければいけない目の前の課題に、根本からは取り組めていないということです。運命というレールは決まっているので、決して避けることはできないのに、その課題を前にして考えてしまって足踏みしていたり、もっと深い部分まで見ることを放棄したりしているから、運命は人を替え、状況を変えてやってくるわけです。

何度も同じことに悩み、ぶつかってしまう人が、それを乗り越える方法については、次の章で詳しく伝えます。

04 私たちはいつも最善の選択をしている（行動）

今の自分が選んでいる選択に間違いはない

「私たちはいつも最善の選択をしているのです」と、私は魔女から教えられました。自分のした選択が周囲の人たちから理解されなかったとしても、それが今の自分にとっての最適解であるという話です。

たしかに魔女の言うように「私はいつも最善の選択をしている」と確信が持てれば、今現在の自分は、過去一番で成長している最高峰の自分ということになります。その最高峰の自分が選んでいる選択だから間違いないのに「ああしたら良かったのに」「こうしたら良かったのかも」「今度はこうしよう」と、つい思ってしまうのは、過去への感情と、未来への思考が、そうさせているためです。

仮に「最善の選択をしたからこそ、今がある」と思えるのであれば、これ以上の自分はないと自信がもてます。自分を肯定できるようになっていくのです。そうすると、常に最善の選択をしている自分が、その時その瞬間にいるので、過去に感情を持っていかれなくなります。運命を自身でコントロールしてみようと無駄な思考や行動を起こすこともなくなり、過去も過去と割り切れて、大切なところだけにエネルギーは注がれ、自身が整っていくスピードが上がっていくわけです。

◆最善の選択をしてきたから今がある

最善の選択をしている最高峰の自分を理解できずにいる人は、過去を過去として割り切れていません。今の自分が信じられていないからです。このような人は、過去の経験にとらわれ、美しい思い出に変えてしまった過去に対して諦めがつかないまま、「なぜ過去は過去と割り切らなくてはいけないのか」といつまでも今の自分を肯定できずにいます。

でも考えてみてください。最善の選択をしてきているから、あなたの今があるのです。「最高峰は、今の自分である」と今の自分を受けいれましょう。過去への感情からも未来への思考からも今の自分が解き放たれます。最高峰の自分が今の自分なのです。

エネルギーを循環させて魂の目的に生きる

ここまで伝えてきたように「感情」と「思考」と「行動」を今に注げるようになると、エネルギーの無駄づかいがなくなります。そうなると運命のレールの上を走る列車に載せた「精神」「肉体」「魂」の三位一体となった人間にエネルギーが満ちて、列車が勢いよく走りはじめ、自分が整っていきます。余計なところにエネルギーを使わなくなったぶん、魂の目的である成長にエネルギーを使えるようになります。

エネルギーの循環は、体内の血液が循環しているのと同じようにカラダを循環しています。血液の循環でポンプの役割を果たすのが心臓ですが、エネルギーの循環は、東洋医学で「経路」、ヒンズー教であれば「チャクラ」と言われ、とても重要なシステムです。

◆病は気からは本当だった

人間に備わる生命エネルギーには限りがあります。血液循環が悪くなると体調を崩すのと同じように、大切なところにエネルギーをかけられなくなると、エネルギー循環が悪くなって支障が出てきます。エネルギーの消費は、その人にとって優先順位の高い順から使われていくので、自分にとって苦手なところはどうしても優先順位が低くなってしまいがちです。エネルギーが届きにくくなると、滞りが発生し、エネルギーの循環が悪くなった箇所は、実際の身体にも影響してきます。エネルギーは目には見えませんが、循環が悪くなると私たちの肉体に滞りとなって現れます。血液が循環しているのにもかかわらず、肩こりが起きたり、悪くもないのに腰痛になったりするのがそれです。

滞りは、エネルギーが不足している状況です。エネルギー不足に連動して、心にもカラダにも滞る箇所が出てきます。「病は気から」といいますが、実際に病気になっている状態というのは、精神的にも肉体的にも、エネルギーが不足し心が悲鳴をあげている状態です。「もうやめて!」という状態は、痛みや炎症を発症させます。

05

自分自身をクリエイト（創造）しているのは自分だ

自身をクリエイトさせるエネルギーの使い方

今の自分が最高峰であることはここまでで伝えてきたとおりで、その最高峰の自分が選択した結果が今です。その選択にエネルギーを費やしてきた結果が、今の自分の状況を作り出しています。私たちはこれを繰り返して、今、常に最高峰の自分で人生を生きているのです。

しかし残念なことに、今の自分が最高峰であると思って人生を生きている人はほとんどいません。多くの人たちが、「もっと良くなりたい」「もっと自分らしく生きたい」「もっと人生を思い通りにしたい」と思っています。

納得する未来を手にするには、今この時に注力して、新しい自分自身を作り上げていくことにエネルギーを使うことです。それをしていけば、未来は変わります。限りあるエネルギーです。使い方を精査して無駄な箇所に費やすことがなくなり、エネルギーに余力が生じるようになったら、次はその余ったエネルギーをどのように使うと、自分自身をクリエイトさせられるのかを見極めていくことになります。

ファンタジー（幻想）と夢を見極めよう

昔の話ですが、海外の女優さんに憧れてステキなボディーを手にいれたいと思っていたことがあります。あるとき夫に「こんなナイスボディーになりたいのよ」と話をしたら、「どうして、そうなりたいの？　その為に、どれだけの努力が必要？　そんなのファンタジーだよ。」と言われました。一瞬、「え!?　どうしてそんなこと言うの？」とも思いましたが、冷静に自分の今の状況を受けいれてみると、たしかに彼のいうとおり、それはファンタジーでしかありませんでした。

なぜかといえば、「あんなボディスタイルになれたらいいな。」と思っているだけで、本来手にしたい未来とも異なっていますし、当時の自分の現在地からはほど遠くにあるものだったからです。それにあこがれているだけで当時の今に注力もせずにいたので、どう考えても幻想や妄想でしかなく、そこにエネルギーをかけても、ファンタジーはファンタジーのまま。かけたエネルギーは無駄にしかなりそうもなかったのです。

でもあの時、もし当時の今の自分の現在地を捉えることができていたらどうでしょうか。ファンタジーではおさまらなかったかもしれません。年齢と健康状態を踏まえて、当時の今に注力して、適切なところにエネルギーを使うことができれば、自身をクリエイトしていくことにつながっていくからです。


エネルギーを無駄なところに使うことを避けるためには、これが幻想や妄想なのか、それとも夢なのかを見極めることが大切です。

0才から10代の子どもたちのことを例にして説明していきましょう。子どもたちは、幼い頃から色々な夢を持ちます。それこそ妄想やファンタジーみたいなこともたくさんありますが、彼らは、自分の目の前にやってきた課題を乗り越えられれば、その夢は現実になります。今の現在地が0才から10代の子どもですから未知数の可能性があり、先入観もなく他人の価値観に振り回されることがありません。十分な時間もありエネルギーも溢れるくらいです。この先、大人になったときに、どこからどんな話が来るか、今からは予想も想像もできません。子どもたちが大人になるまでに適切なエネルギーの使い方が出来ていれば、時がきたときに怯むことなく自身をクリエイトする力につなげられます。

自分がなりたいと思っているものが本当に自分の夢なのか幻想で思っているだけのことなのかもう一度自分の中で確認してもらうことが必要だと思います。なんとなく、ナイスボディになりたいと思っていたことは幻想でしかありませんでした。

大切なのは待つこと～クリエイトするタイミングは向こうからやってくる

自分をクリエイトさせるような新しい事象は、必ず向こうからやってきます。そのやってきたものにトライすることが、自分の人生を生きるということです。

でもその挑戦にはエネルギーが要ります。面白いことに、エネルギーを使い切ってしまっている人のところには、自分をクリエイトするような新しい事象はやってきません。経験や過去に執着してエネルギーを消失していると、すべてがパターン化されていますから、新しいことが入る余地などないからです。

たとえると、忙しい人に声をかけづらいのと同じです。忙しい人は少しでも隙間ができると、目の前に飛び込んできたものに心をうばわれ、すぐにまた新しいことを始めてしまいます。せっかくできた余白を何かで埋めてしまうと隙間がなくなり、向こうからやってくる肝心な事象にエネルギーが回らなくなります。

ここで押さえたいのはタイミングを待つことです。待ちながらするのは「自分は何をしたいのか」「自分は、何をするのが本当に自分らしいと言えるのか」と自分自身の内側と対話することです。

私たちは、常にエネルギーが満ちているわけではありません。だから必ず眠って休息を取り、食べて栄養を摂取し、クリエイトする事象が向こうからやってくるタイミングに備えるのです。このように限られたエネルギーを上手に使っている人だけが、自分のやりたいことを手に入れ、クリエイトしています。

「運がいい」とか、「タイミングがいい」とか、周りの人から言われる人は、エネルギーを上手に使っている人です。そもそも人の持っているエネルギー量は、同じ年齢ならほぼ同じ。ものすごくエネルギーが高くて、他の人がすごく低いということはありません。だからエネルギーは使い方次第です。エネルギーの余力があれば、新しい流れが来る。クリエイトしていくときには、エネルギーの流れが変わっていきます。

Chapter.4

幸せになるために自分の波動を変える

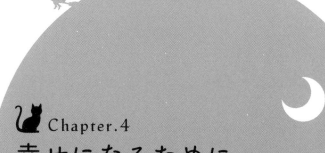

01 私たちはまわりの影響を受けている

自分が整えられて変化すると周囲とのギャップが生じる

今この時に注力して自分を整えていけば、新しい自分自身を作り上げて未来を変えていくことが可能です。

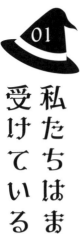

エネルギーの使い方次第で感情が変わり、思考が変わり、行動が変わります。自分が整えば発する波動に影響を受けて周囲も変化していきます。自分をクリエイトしていくだけではなく、周囲までもそこに巻き込んでいくことができるのです。

幸せを感じるための要因で大きいのが、まわりから受ける影響です。これはすでに伝えているとおりですが、関わっている人や自分のまわりにいる人たちが幸せになっていくと、それまでの自分が感じてきた以上に、大きな幸せを感じられます。

ところがその反面で気になるのが、自分が整ってくると生じるまわりの人との間のギャップです。自分に突き抜けてしまうくらいの大きな変化があれば話は別ですが、整ったばかりの頃というのは、まだその変化が充分に癖付いていない状況ですし、周囲に影響するどころか逆に周囲の影響を受けて、せっかく整った段階にある自分の状態も、また以前の状態に戻ってしまうことになります。

変わり始めは、周囲の影響を受けがち

変わりはじめの頃、周囲の人たちはこれまでとは違ったあなたの雰囲気や状態に、何かしら違和感や戸惑いを感じています。「(こちらと)また同じところに戻ろうよ」「戻っておいでよ」などと声はかけなくとも心のうちで思っているかもしれませんし、あなたが普段と変わらないいつもりでおしゃべりをしていても、「あなた、何言っているの?」

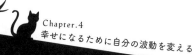

というような挑発的な言葉を浴びせるようなこともあるかもしれません。

その上、あなた自身の身の上にも、変わる前の状況に戻らざるを得ないような出来事がやってくる可能性もあります。変わりはじめで、まだいつでも引き戻される状態にあるあなたは、こうした周囲からのアクションにはどうしたって影響を受けてしまいがちです。


ではどうすれば私たちは、このような引き戻しのアクションの影響を受けなくても済むのでしょうか。

答えは、意識をすることです。あなたがこの段階に来るまでの過程でやってきたように、今の自分に注力すべき箇所にエネルギーを注いで自分を整えていくことを継続していけるように意識をしてください。

引き戻し、呼び戻しがあるのはごく自然なことです。今までと変わらない暮らしや人との付き合いの中で、たった一人、あなただけが変わっていくわけですから非常に目立ちますし、周囲の人たちが気になるもの当然でしょう。でもここで、周囲の人たちに理解してもらおうとしても、単純に言葉で説明できるものでもありませんし、仮に説明ができたとしても相手が理解できるかどうかは難しいところです。この段階で、自分のやっていることについて理解を得るのは至難の業であると心得ておきましょう。

「スピリチュアルをやっているんですけどなかなか良くならない」という声を耳にすることがあります。これは、周囲の人たちや向こうからやってくる出来事に影響を受けて、以前の状態に戻っているからです。

突き抜けてしまうまでは、引き戻しの影響をモロに受けます。けれどこれを繰り返していくことが重要で、仮に以前の状態に戻ってもまた意識して取り組んでいくと、周囲からの影響を受けながらも、「三歩進んで、二歩下がる」のように、徐々に良くなっていきます。なかなか急激に良くなる体感はないかもしれませんが、それで大丈夫です。いずれ必ず変わっていきます。

02

自分からでている波動を変えるとまわりが変わる

自分の波動が変わると周囲に変化が

突き抜けてしまうと発する波動が変わります。そうなれば、その影響が及んだ周囲の人たちは、あなたの変化について何も言わなくなっていくものです。変わりはじめた頃に感じていたギャップがさらに開いていることを周囲が認めることで、引き戻しのアクションは薄れます。変わりはじめの段階とは、明らかに異なる反応です。

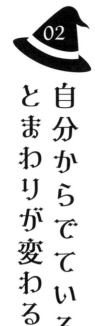

◆突き抜けてしまうまでは時間がかかる

けれど自身が突き抜けていくまでには、やはり時間がかかります。でもそうなってしまえば結果が変わり、自身でも体感できるようになります。波動が変わっていくと、結果、自身でも認識できるぐらい現実が変わるのです。

現実が変わるという意味では、「付き合う人が変わる」「まわりにいる人が変わる」というように、これまでの人間関係に生じた変化で体感できます。今まで仲良くしていた人との間に何か違和感を感じるようになり自然と付き合いが薄れたり、こちらから距離を置きたくなったりするようなことが起こるのです。しかしその反対側では、これまでまったく知り合うことのなかったタイプの人たちとすごく仲良くなったり、一緒に仕事をしたりするようになります。

このように、人間関係から自分の変化を感じ取ることができるようになるので、覚えておいてください。

意識すれば、発する波動が変わる

ここからはスピリチュアルの観点で伝えていきます。

私たちの肉体は器であり、その器である肉体の中に魂やエネルギーの源である生命力が入っています。その生命力をエネルギーとして放出するときに、影響を受けるのが器である肉体です。わかりやすい例で言うと、透明なガラスのコップに色がついていたら、中に入っている水は透明でも視覚的には色のついた水に見えます。魂やエネルギーのもとである生命力も、肉体という器に入れた形態で人の目には映るので、これと同じ原理で考えることができます。私たちが普段、人から感じる波動は、この器である肉体から放出する生命力が影響しているのです。

この肉体が器として織りなす特色を、スピリチュアルではカルマといい、遺伝子情報に基づきます。先祖の七代上まで影響を受けると言われているもので、目が悪いとか、遺伝的な病気などもそうですが、思考のパターンや性格も受け継がれるものです。たとえば短気な人の両親は短気ではなくても、七代前の先代から遺伝的影響を調べてみると短気なカルマを持った人が必ずいます。このカルマは遺伝子情報なので、私たちの意思で変えることはできません。

波動は、私たちが自分を整えていく過程のなかで働きかける「思考」「感情」「行動」に影響を受けます。カルマには遺伝子情報が組み込まれていますが、その働きかけで影響を受けた生命力から波動は生じますので、意識をすれば発する波動は少しずつ変わっていくのです。

03

自分を整えると結果が変わる

クリエイトする方法はただひとつだけ「意識して波動を変える」

考え事をしているだけでも、波動は出ています。だから私たちは人と相対しているとき、何も聞かなくてもその人が何かに悩んでいたり、思い詰めていたりする場合には、なんとなく見当がつくことがあります。これは波動の影響です。「感情」にも波動がありますし、「思考」にも波動があります。「行動」にも波動があります。これらが全部まるっと変わってしまえば、あなたから出ている波動がまるっきり変化しているので、周囲から見ていればそれがわかるのです。

私たちの波動の変化は、必ず「思考」から始まると言われています。だから波動を変える方法は、たった一つで意識をして「思考」を変えることです。考え方を変えていくことによって、少しずつ波動は変わります。それが「行動」から出る波動にまで及ぶには、時間がかかったり、意識をし続けなければなりません。

懸命に意識をして自身を整えていると、すぐに整って結果も変化していくだろうと思いたいところですが、残念ながらこの段階ではまだ思い込みで、何も変わってはいません。「行動」の波動が変わるまでは結果は何も変化していないのが実情で、意識しているから考えていることに変化があるだけです。それがだんだんと「思考」の波動、「感情」の波動、「行動」の波動と変化していく過程を経てすべての波動がまるっと変わっていくと、あなたから発するエネルギー波動も全部変わっていくので、その結果を自ずと実感できるようになります。

おおよそ2年で結果は実感できる

結果が変わっていく経過ですが、変化したエネルギー波動から影響を受けるのは、最初は周囲にいる人たちです。そして徐々に現実的な結果に結びついていきます。現実的な結果とは、たとえば仕事で結果が出せるようになったり、収入が上がっていったり、そういった出来事が生じてきます。

結果を実感するまでの時間ですが、間違ったやり方でなければ、あなたの「思考」の波動が変わって「感情」の波動が変わり、「行動」の波動までが変わるまで、おおよそ1年半~2年と言われています。無意識に出る波動が「行動」まで変化するところまでたどり着くと、現実的な結果の変化を体感できるまではあっという間です。

意識して「思考」を変えるところから全細胞が入れ替わるまでにおおよそ2年かかりますから、もし結果が2年経っても変わらないのであれば、波動の変化の影響を受けられていないと考えられます。

ただ覚えていてほしいのは、2年をかければおおよそ結果は実感できるようになれますが、以前に影響を受けてきた現象がやってきたり、周囲の人たちが発する波動が強かったりすると、それらの影響を全く受けないわけではありません。一時的に波動が変わり良くなっていても、その影響でまた引き戻されてしまうこともあるので、ここは意識して自身を整えることに集中していきましょう。

04 自分の人生で同じようなことが起きるのはなぜ？

自分の出している波動が、現象を引きつけている

私たちは、人生で同じような現象を何度も経験します。それも後から振り返ると、そのようなことが多いのはだいたい大きな節目です。一般的には一人の人間の人生で同じような現象を繰り返し経験するのは３〜４回ですが、それ以上の人もいます。

同じような現象を経験するというのは、たとえば幼い頃の悩みや苦労、嫌な思いをしたことが、大人になっても同じようなことにぶつかって悩んだり苦労したり、嫌な思いをしたりするようなことを指します。子供の頃に親に裏切られて悲しい思いをしていて、今度は大人になってパートナーに同じように裏切られて悲しい思いをしたり、就職をし

たらその会社で裏切にあったり、テーマとしては同じことが、違うシチュエーションで、異なる登場人物で繰り返されることがよくあります。

本当であれば、一度経験して乗り越え、うまく自分の力になっていたら同じ問題は起こりません。でも同じことが起こるのは、根本的な解決に至っていないからです。

つまり、意識をせず「思考」を放棄してしまっていれば自分の出している「思考」の波動は変わらないということです。「思考」の波動が変わっていないから、次の「感情」の波動にも「行動」の波動にもつながらないのです。

結局、自分の出している以前のままの波動が、同じ現象を引きつけてしまうので、自分を整えて波動を変えていかなければ、同じテーマで繰り返しつまづくことになります。要するに、自分の出している波動が、今起きている目の前の現象を引きつけているのです。

「幸せになりたい」では、幸せにはなれない

波動は自然に出ているものなので、基本的には自分の意思では操作はできません。すでに伝えているように、自分の発する波動を変化させるための最初の一歩は、意識をして自分の「思考」を変えていく以外に方法はないのです。

良い波動も悪い波動も私たちから無意識に出ていますが、この波動が事象を作っています。波動は似ている波動同士がお互いに惹かれ合うのです。たとえば、すごく嫌なパターンですが「裏切られたくない」という波動を持っていると、裏切りにあいます。それは、「裏切る」という波動を出しているから、共鳴しあって裏切られるようなシチュエーションが起こるからです。同じように「自分は幸せだ」と思う人には、幸せなことが起こります。でも「幸せになりたい」では幸せにはなれないのです。言葉は似ているけど「幸せになりたい」では、幸せにはなれないし、幸せはやっては来ない。「自分は幸せだ」という波動に幸せは集まってくる。これが波動のエネルギー法則です。

「思考」から「感情」、「感情」から「行動」と発する波動が変わって、はじめて無意識に自分から発せられる波動のエネルギーがまるっと変化します。そこに至ってようやく同じような現象が二度と起きなくなるのです。

これは、単なる「引き寄せの法則」という話で収まるものではありません。自分の波動のエネルギーは隠せないですし、無意識に持っている本性が出てしまうものだからです。

良い波動エネルギーと悪い波動エネルギーの区分けについて、ここで補足をしておきます。

「これは良い波動のエネルギー」「あれは悪い波動のエネルギー」と決めているのは、自分自身です。決めているのは他人ではなくあなたであることを忘れないでください。

物事の良し悪しは、人の観点による違いから判断されるものだからです。

わかりやすくいうと、うまくいっている人が「良い波動のエネルギーはこれ！」と言えば、世界の比率で言えばごく少数の意見になってしまいますが、悪い状態の人が「良い波動のエネルギーはあれ！」と言えば、世界中のほとんどのものが良いエネルギーになってしまうので、この点は留意してください。

05

自分が変わらないとまわりは変わらない

幸せの波動は、周囲にも影響する

大切なことなので繰り返しますが、自分の「思考」の波動を変えて「感情」の波動を変え、さらに「行動」の波動が変わっていくと、まるっと自分から発するエネルギー波動が変わっていきます。その波動の影響を受けて、周囲も変わっていくのですが、何か言葉を発するとかではなく、自然と伝わっていくものです。

私がやっている風水セッションを受けてくれた人を例にして波動について解説をしますが、その人は風水セッションの後、ご自宅に戻ってすぐに盛り塩をして片付けを始めました。ご家族は「急に、何をやり出したんだ!?」と思ったようですが、そのまま片付けを続けていると、こちらから何も言わなくても家族も片付けを始めたというのです。最初は「風水って何事なの？」「盛り塩ってなに？」のように、彼女の行動について疑心暗鬼だったようですが、今は盛り塩を替えてくれるようにまでなったそうです。

このようなことが起こるのは、エネルギー波動の影響です。家族のうちの一人が「思考」を意識したことで波動が変わり、「感情」と「行動」も意識して波動が変わって、その人から発するエネルギー波動がまるっと変化したので、周囲にいる人たちに影響していった例になります。

まずは、自分が整い変わることが大前提になります。すると、波動はまわりの人たちにも影響していきます。究極、自分が幸せになっていくと、その幸せの波動で周囲も幸せになっていきます。

ただ、この幸せの定義は、人それぞれで捉えどころがありません。それぞれの価値観で幸せの感じ方は異なるからです。ただ間違いないのは、幸せは充足感とつながっているので、人の充足感が上がっていくと、充足感を感じてエネルギー波動が放出します。

周囲の人がそのエネルギー波動の影響を受けて充足感を感じ、それが幸せにつながっていくのです。

自分にとっての「幸せ」とは何か

ここまでの話で、自分を整えて変わった波動は、周囲にも影響してそれが結果につながるまでの流れを伝えてきました。それでもなかにはまだ「幸せになるためにがんばる」「幸せになるために節度を持って生きる」と思い続けている人たちもいるかもしれません。「幸せは手に入れるもの」という概念を強く持っている人たちです。

神社にお参りをして「幸せになりたい」と願掛けをする人たちもいますがでもこれでは、幸せについての概念がふわっとしすぎています。もっと具体的に願った方がいい。曖昧な願いごとは、曖昧な状態でしか、エネルギー波動は動いていかないからです。

あなたは何を持って「幸せ」と感じるのでしょうか。人によって幸せの定義は違います。今ここで自分にとって何が揃ったら幸せだと感じられるのかについて明確にしておきましょう。

これを明確にするために、まずは自分の安心と安全の欲求を満たすものを見つけてください。今の日本では、衛生環境や口にする食材などを見ても、人が生きていく条件は整っていて、寿命も伸び、生きることに無理はなくなりました。その意味から生存欲求を基礎にして、その一段上の段階にある安心、安全欲求に、私たちは幸せを感じやすいのではないでしょうか。

安心、安全欲求は、生まれて間もない赤ちゃんのときから誰もが抱きはじめる欲求です。なので、自分にとって何が安心で安全なのかを考えていただくと、自分にとっての幸せの定義がわかってきます。

Chapter.5
幸せになるために運のいい人になる

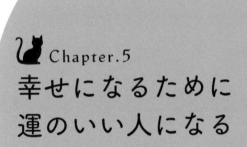

01

運命は変えられない!?

運命は生まれた時から決まっている

世界のあちこちで運命の捉え方についてはさまざまな考え方があります。私が魔女から教えられたのは「運命は決まっているものだから、良くしたり悪くしたりはできない」という考え方でした。

ここで魔女が言っている運命は、生まれながらにしてすでに決まっているもので、あとから操作できないもの、もしくは変更できないものを意味しています。わかりやすい例で言うと、人間に生まれてきた私たちは、あの愛らしいネコやイヌになりたいと思っても、それは現実的には叶いませんし、アメリカ人に憧れている人がすっかりアメリカナイズされたとしてても、日本人に生まれた以上、生涯、日本人でいるしかありません。歳をとりたくないからと、エステに頻回に通い美容整形をして美しく歳を重ねることができたとしても、40歳の人が20歳に戻ることはないのです。

運命は、その人の人生や生き方、行動にも影響してきます。たとえばですが、世界はボーダレスであっても自分が日本人に生まれたことは、行動や生き方に影響してくることがいまだにあるのも事実です。私は海外に行くことが頻回にあるのですが、そのたびに思うのは人種差別までは行かないまでもそれを顕著に感じます。「アジア人だからね」「日本人だからね」と言われることもあるからです。どの場所に行っても何歳になっても私が日本人であることに変わりはない。これが本書でいうところの魔女が教えてくれた運命の考え方です。運命は、私たちの人生や生き方、行動を縛るものとなる可能性があることを覚えておいてください。

生まれた時から決まっている運命は変えることはできません。しかし、変えられない運命はそのまま受け入れるにしても、やり方次第で「運」はどのようにでも変わるということも、魔女は同時に教えてくれました。だから、自身の人生を思うときに、生まれながらの運命を呪いたくなるようなことがあったとしても、決して「運命が悪いからダメなんだ」などと思わないでください。

運命は変わらなくても、「運」で人生は変わる

ここで運命と「運」について整理をしておきます。運命というのは、ここまでで触れているとおり、生まれながらにして決まっている変えられないものです。それに対して「運」は、「運＝タイミング×環境」ですから、やり方次第では、この先の人生を「運がいい」と思えるものにしていけるのです。そのやり方に、幸運になれるカギが隠されています。

私たちはそれぞれ、自分の運命と「運」を背負って生まれてきていますが、変えられない運命も、やり方次第で運がいいと思えるようになれるのは、もともと持って生まれ

てきた運命を活かし、「運」を最大限に使っていけるという考え方に基づいています。「運」を上手に操作すれば、自分の持って生まれた運命を最大限に活かして人生を生きることもできるわけです。まず大前提として、運命は変えられなくても、やり方次第で「運」を使って人生を良くも悪くも変えていけることを、ここでは理解してください。

運がいいと言える人生を送るには、環境を整えてタイミングを逃さないことです。植物に例えて話を続けますが、すごく良い種であっても、汚染された土、汚染された水、そして日陰という条件でその種が植えられたらどうでしょうか。その良い種のポテンシャルを活かせるような結果にはなりません。けれどそこそこの種であっても、良い土、良い水、適度な温度と十分に光合成を起こせる太陽の光と日照時間、適切な肥料などを与えられたら、結果、ついた花が大輪になったり実が大きくなったりする可能性もあります。

人間でいえば、背負って生まれてきた運命は誰も操作することはできませんが、その人にとってベストなタイミングで手が差し伸べられたり、転機となるような出来事や出会いが作れて、結果的に大きな仕事が成し遂げられたり、想像以上のものが手に入ったりする可能性もあり得るのです。また、その人の背景に良い環境が整えば、期待以上のものが手に入ることもあるでしょう。

そこそこの運命でも、「運」を活かすことができれば良い結果を得ることが出来る。裏を返すと、何もしなければ「運」も変わらないので、人生に変化は生じないこともあわせて覚えておいてください。

◆そもそも私たちは運がいい

補足です。本来、私たちは最高の「運」を持ち合わせて生まれてきています。信じられない人もいるかもしれませんが、そもそも人間は生まれながらにして運がいいことを理解しておいてください。

運がいい状態の自分は、潜在能力が高く、直感にも優れています。しかし、いつの間にか、自分で何かしらのフィルターをかけてしまって、それが発揮できなくなっているのです。だからそのフィルターがはずれていくだけでも、もともとの能力が発揮されることにつながります。フィルターをかけている状態はマイナスの状態です。だから、そのマイナスにしてしまっているフィルターを取っ払って、本来、自分の持っている平常時の運がいい状態で勝負すればいいのです。

ところが、自分でフィルターをかけていることに気がつかずに、現状の自分の状態から運がプラス20％、30％と運気が上昇することを運が良くなることだと思っている人がいますが、それは勘違いです。魔法ではないので、そんなことはありえません。

私たちは生まれながらにして運がいいのですから、フィルターを外すだけで、最高峰の自分になれます。自分の運の良さを信じていきましょう。

最適なタイミングを手に入れよう

自分の運を最大限に活かすということは、生まれ持った運をそのまま活かすということです。何かのきっかけでフィルターがかかってしまいますが、自分にとって最適なタイミングを手に入れられたら、運命のコントロールはできなくても、かかってしまったフィルターがはずれて運がいい状態でいられます。

よく例にしているのが、人との出会いです。先ほども触れたように、その人にとってベストなタイミングで手が差し伸べられたり、転機となるような出来事や出会いが作れたりしたら、その結果、大きな仕事が成し遂げられたり、想像以上のものが手に入ったりします。最適なタイミングは、ものすごく良い結果につながるでしょうし、そこそこの運でも期待以上のものが手に入ることでしょう。

最適なタイミングを逃さない人は、運がいい人であるということです。

◆運が良くなってくると、タイミングが合ってくる

タイミングが合ってくると、大事を小事に、小事を大事にすることもできます。小事を大事にする例でいえば、小さい金運を大きくするというのもタイミング次第です。たとえば、手持ちのお金を減らしてしまうような運命の持ち主が、詐欺に遭って何千万円となくしてしまうような大事を、コンビニのレジ横にある寄付金箱に自ら寄付することで、小事にすることができます。どちらも手持ちのお金が減少することに変わりはないので、運命は変わっていませんよね。

大事を小事にする例で言えば、30歳の時に事故に遭うという運命の持ち主がいるとします。この運命は変えられないのですが、大きな事故になってしまうようなところを、家の前で転んで膝から血を出すくらいのケガ程度に変えることが可能です。これは、車に跳ねられて重傷を負うことと、転んでケガをすることは、運命的には同じ内容であるという考え方です。大事を小事に転換しています。これが運を良くするということです。

運が良くなってくると、タイミングが合ってきます。最適なタイミングを手に入れられたら、運命に沿って起きてくる出来事を大小自在に変換できるのです。

02

運がいい人はこんな人

運は良くもなるけれど、悪くもなる

私の周囲にも運のいい人がいます。人との出会いが事業の発展につながって、巨万の富を得ている人です。ものすごい幸運な人なので、「なんでそんなラッキーなんですか。何か特別なことをしているのでしょうか？　もし虎の巻があったら教えて。」と聞いてみたのですが、「虎の巻なんてないよ。」と答えが返ってきました。運がいい人は、もうすでに自分が整っているので、意識しなくても運に恵まれていくのです。自分が運がいいなんてことすら自覚はないのかもしれません。

けれど、運が良くなるということは、運が悪くなる可能性もあることも忘れないでく

ださい。

運がいい人の特徴とは

あなたの周囲にいる運のいい人たちは、どんなものを手にしていますか。

私の周囲にいる運のいい人たちについて個人的に総じて思っているのは、その人の人生で手に入れたいものをちゃんと手にできている人たちです。

運がいい人には、こだわりがありません。執着がないのです。ひとつのことにこだわり続けてしまうと、そこから意識が離れないので、それ以上に自分にとって良いことがやってきていても、それに気づかずにタイミングを逃しています。だから運が良い人というのは、結構フラットな状態でいる人が多いです。何かが向こうからやって来たら、それにすぐに対応するという柔軟さがあります。タイミングがやってきていることを察知する能力に優れている人たちだな、と感じます。

運が悪い人の特徴とは

あなたの周囲には、「運の悪い人だな」と思うような人はいますか。

これは私が個人的に思っていることですが、運の悪い人は、人生で手にしたいものを手にできていない人たちです。運が悪い人は、物事に対してものすごく執着があるようで、今の自分にとって最適なものが向こうからやってきていても、毎日のルーティンや過去の成功にこだわっているので、それが見えずに取り入れられないのです。そういう人たちは、新たな一歩をなかなか踏み出せてはいません。

「これしか見えない」というのは危険です。見逃してしまえば、当然、タイミングが合わず、運が悪くなっていく方向につながっているように見えます。

03

自分の運を活かして生きる方法

運を良くするために注ぐエネルギーの行き先は

運命は変えられないので受け入れるしか道はありません。しかし、先ほどから伝えているように、運については、良い環境にプラスしてタイミング次第なので自身でのコントロールが可能です。嫌だなと思うことは小さくすればいいですし、嬉しいなと思うことは大きくすればいい。これが自分の運を活かして幸せに生きる方法です。

運を良くするには、エネルギーのかけ方にもコツがあります。目の前に起きていることは全部運命ですから、これをどのようにするかは自分次第。決められた運命で起こりうる嫌なことを消滅することはできないけれど、目の前で起きる嫌なことばかりに思い悩み、そこにエネルギーを消費するなら、それよりも嬉しいことに十分なエネルギーを注いで大きくしていけば、嫌なことは小さくなっていきます。それでいいのです。

「幸せになりたい」と思っている人は、どちらかというと嬉しいことよりも、悪いことばかり考えている人たちが多い傾向にあります。たしかに人は悪いことが起きたら、そのことばかりをずっと考えてしまいがちですが、しかしこれでは、運を悪くしてしまうし、波動も悪くなってしまいます。悪いことばかりに意識が向くので、悪いことが大きくなってしまうのです。目の前にやってきたことについて、「嫌だな」と思うものについてはできるだけ早く手放し、「これは好きだな」「嬉しいな」と思えることに、たくさんのエネルギーをかけていってください。

合図に気づこう！　運がよくなってきたら起こってくること

タイミングが合ってくると、外側から合図がやってきます。この合図をキャッチできれば、運はよくなっています。自分でも分かりますので、ここではその合図についてです。あなたは運がよくなっている合図に気づいているでしょうか。

・タイミングがピタッと合っている

運の流れが良くなっているときは自分でもわかります。いろいろなところでタイミングがピタッと合っているからです。電車に乗ろうと思うときには、待ち時間なしで電車がホームに入ってきます。乗りたい電車に乗れるのは、タイミングが合っている証拠です。あそこに連絡しなきゃいけないな、と思っていたら向こうから連絡が来たりする。これもタイミングが合っている証拠です。自分自身の日常の中で、どれくらいピタッとタイミングが合っているかを、一つの目安にしてみてください。

・思いがけないところから知らせが来る

合図は、私たちが想像していないところからやってきます。

たとえば、何かコトを始めようとしたときに、思いもしないところから助っ人が現れたりします。「それ、私できますよ」と言ってもらえてお任せすることで事業が拡大したり、「この人にお願いしたいけれど断られるだろうな」「誰か手を貸してくれないだろうか」と人材を探しているときに、たまたま知人との立ち話でそのことを話してみると、その人の得意なことが自分が手伝って欲しいことだったりします。思いがけないところからやってくる知らせは、運が良くなってきている合図です。一方で、自分が「ここだ！」と思ってエネルギーをかけていったことは、あまり良い結果にならない傾向があります。

・合図がやってきたら「運がいい」と思え！

合図がやってきた時に大事なのは「自分は運がいい」と思うことです。そうすると「自分は運がいい」という波動エネルギーが無意識に出てきます。良い案件がさらにやってくることにつながり、良いループができてくるのです。良いループができてくると、そのまま波動エネルギーの放出が続き、それに影響されてずっと良い状態がキープできます。このループに入るまでやり続けると、運の良い状態を維持して人生を生き抜くことが可能です。嬉しいこと、大きくしたいことにエネルギーを使えるので、良いループができて活性化していきます。

せっかく合図が来ていても気づけていなかったり「自分は運がいい」と思えなかったりする人には、先ほどから伝えているように、執着やこだわり、思い込みが影響しています。目の前にやってきている最適なタイミングを逃してしまっている運を上げられない人たちです。

04

運を上手に引き寄せる方法とは

ルーティンに生きるのもありだけれど

運を上手に引き寄せるには、どうしたらいいのでしょうか。

私たちが生きている世界では、すべてがまったく同じ日なんて1日もありません。毎日変化しているのに、私たちはルーティンが好きで、同じことを繰り返して、一日が終わってしまうこともよくあります。その理由は、過去の経験が安心感をもたらすからです。同じことをしていると安定しているし、安心を感じられる。これは私も同じです。

しかし、時代は進み、日々劇的に進化しています。ガラケーからスマホ、パソコン、AIの登場もあり、私たちを取り巻く環境は、日進月歩で常に変化の連続です。なのに、私たちはルーティンに生きるほうが安心だと思ってしまいます。これは安全、安心欲求の表れです。

世の中の進化していくエネルギーと、変化への恐れが同時に混在するのですが、後者のほうが大きくなってくると、私たちは新しい事象に自分を噛み合わせることに抵抗を覚えるようになります。これが続くと、いつしか変化に追いつけなくなり、対応ができなくなっていきます。いつまで経ってもタイミングが合わずに、欲しいものを手にすることも叶わず、万年「幸せになりたい」と言い続けている人たちです。

ルーティンは同じことの繰り返しですから、自分が変わっていないことにも気づきませんし、周囲が進化していることにも気づきにくい。でも、こだわりがなく、自分にとって適切なタイミングを逃すことのない人たちは、ルーティンから抜け出し、今を生きるので、見える世界が違ってきます。

柔軟性をもって新しい情報を取り入れ、自分に合ったものを選択する

「運を良くする方法」といえば、「自分の中を整理して手放す」と言われることもあり、それを一生懸命にやっているスピリチュアルの実践者もいます。でも実はそれをしても、運は引き寄せられないことをご存知でしょうか。

それよりも運を引き寄せるのに大切なのは、柔軟性を持つことです。こだわりがなく柔軟性のある人のほうが、いろいろなことを受け入れられるし、さまざまに対応もできます。そういったところが、運がいいということにつながるのです。

新しいことをはじめたり、それまで興味のなかった情報を取り入れたりするのは、安定している今の自分の世界を押し広げることになりますので、それを負荷に感じるかもしれません。それにルーティンでも生きていけますし、特別困ることもないのですから。

でも、もし運を活かして生きようと思うなら話は別です。新しい状況や今の状況に目をむけることを意識していきましょう。

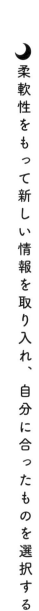

運を活かして生きている人は、いろいろなことに興味を持っています。今の時代を見失うことなくアンテナを張っていて、今までやったことのないものにチャレンジして情報を得ることもしていますし、好奇心を持っています。「生成ＡＩって何だろう？　使ったらどんなことができるのかしら」など、さまざまなことに興味を持つこともそうです。いろいろな人たちに会いに行って、仕入れたたくさんの情報のなかから、必要なものだけを自分用に上手にチョイスして、自分にとって有益な情報は何かを押さえています。

私もルーティンのなかで生きることに安心感を感じるタイプなので、うちにこもりやすいのですが、意識して自分の世界を広げていこうと心がけています。経済状況や世界の紛争問題、その社会的背景、ニュースは国内だけではなく海外のものもよく見るようにしています。専門的な知識を持っている友人がいたら、その分野の話をレクチャーしてもらうこともあります。

運を活かして生きるために柔軟でいるという意味は、気になっているけど、目新しすぎて何か気後れするようなものにも臆せずに柔軟に受け入れるという意味です。すでにデジタルデトックスの話をしているので、ここで誤解のないようにしていただきたいのですが、そこで知り得た知識や情報のなかから、自分が興味をそそられて役立ちそうなものを上手にチョイスできれば、情報に振り回されず運を活かして生きることにつながっていきます。

忘れやすいのは神の助け

忘れやすい自分に腹立たしさを覚えることはありませんか？　でも実は「忘れちゃいけない」という考えはナンセンスです。

顔は思い浮かぶけれど名前が思い出せない。実際にその人を目の前にしているのにも関わらず名前が思い出せないことは、失礼ながら私にも経験があります。誤解を恐れずにいってしまいますが、考えてみるとその名前を思い出せない相手は、名前を忘れるくらいのお付き合いの人なわけです。でも私たちは会ったときに名前が出てこないと、忘れやすい自分を「ダメな自分だ」と思いがち。でもそれを悔いたりダメな奴だと自分のことを思うのは良くないことです。

自分自身への後悔や自己否定は、運を良くすることに対して、何の意味ももちません。その上、そんなところにエネルギーを費やしてしまえば、必要としているところにエネルギーは回りませんし、悔やんでも改善もできずにいるようなことに執着してしまうと運を悪くしてしまいます。だから「忘れっぽいわ」とか「自分、ダメだー」などと思い続けないことです。

神様は私たちを忘れっぽくして、運を良くするための逃げ道を残してくれました。自分が忘れやすいことを悩む人もいますが、考え方によっては忘れてしまうことはとても良いことです。

ここまでの話を踏まえると、忘れやすいということは、執着がない人の特徴なのでそれで問題ありません。忘れられるということは良い状態ですから、忘れていく自分を受け入れましょう。執着はしないほうが、運は断然良くなります。

05

自分ができることを最大限にする

やってくることに注力しよう

目の前にやってくる運命を精一杯生きるだけで、本来、人生は一歩一歩進んでいくものです。運命をやり切ったら人生が終わってしまうと考えてもいいでしょう。だから、今目の前にやってきていることに対して注力すれば、しなくてもいい努力や、自分の運命にないことについて、余計なエネルギーを注ぐこともなくなります。

やってくることに全力で取り組むことが、自分の人生を活かすことにつながります。それは「違うな」「不本意だな」と思ってもです。目の前にやってきたことすべてに注力することで研ぎ澄まされて、運が良くなっている合図にも気づきやすくなり、運は良くなる一方です。

運を意識して、運のいい人になろう

運は上手に活かしましょう。生まれた時から決まっている運命の良し悪しも、環境と運次第です。嬉しいと思うことにエネルギーを注いで大きくしていけば、嫌なことは小さくなっていきます。合図を見落とさず「自分は運がいい」と思えば、無意識にその波動エネルギーが放出され周囲に影響するのです。意識してアンテナを張り、新しく入ってきた知識や情報には柔軟に対応して自身にあった形で選択して活かし、今目の前にあることに注力していけば、運のいい状態を生涯キープして自分の運命を生きることにもつながります。結果、運命は変えられなくても、運のいい人になることで人生はうまくいくのです。

Chapter.6

スピリチュアルで幸せになる

01

こだわりや執着を捨てる。それにはどうしたらいいか？

「それまでと同じ」は維持できない

これまでやってきたルーティン的な生活から抜け出し、自身を内側から押し広げて豊かに人生を生きるようになるまでの道筋を知ったあなたは、これから正しいやり方でスピリチュアルトレーニングをするだけです。トレーニングをはじめてから自身が整っていくまでの時間は、おおよそ1年半から2年くらいはかかることはすでに伝えているとおりですが、あとはその時間をかけて、順に「思考」を変えて、「感情」を変え、そして「行動」を変えていってください。波動が変われば結果が変わり、自信をクリエイトして納得の人生を歩めるようになっていきます。

けれど人生が豊かになり、幸せを実感できるようになったら、私たちは、その状態を生涯に渡って維持し続けることはできるのでしょうか。

疑問に思ったので魔女に聞いてみました。「豊かになっても、また元に戻ってしまうこともあります。そうなったら再びこのスピリチュアルトレーニングをやればいい。でも実際にやってみると豊さや幸福を維持することがいかに難しいかがわかるはずです。外側から影響を受けることもあるし、波動のエネルギーの影響を受けることもあるからです。」と教えられました。

この豊かさや幸福感が永遠に続いてくれたらいいのにと、思いたいところですが、実際はある程度のところまでいくと、上り調子もいつかは停滞してしまうものです。言ってしまいますが、魔女の話によれば、実は停滞していればいいほうで、通常の場合は落ちていくものだそうです。これがいつまで経っても人間が悟りを開けない理由であると聞かされました。

自分の身に何かガツンと突発的な出来事でも起これば、豊かさや幸福感から離れて元の状態に戻っていることに気がつけますが、緩やかに少しずつ戻っていくので、自分が落ちているのに気がつかない人のほうが圧倒的に多いようです。そのほとんどが、スピリチュアルトレーニングを始めた地点よりも、低いところになるまで気がつかないと言われます。このアップダウンを繰り返して少しずつ良くなっていきますが、これが私たち人間の変革が難しいと言われる理由です。

こだわって理想を追い求めるより、諦めて今の自分を受け入れよう

できれば私も、生涯、ずっと上り調子でいきたいです。でもそのためには、何をどうしたらいいのでしょうか。

スピリチュアルトレーニングを続けて、自身を整えて豊かになれたら、それはとても素晴らしいことです。でも、ここでネックになるのが、この状態の維持に安定を求める執着。今の自分が感じている人生の豊かさを、ずっと維持したいと思うから、どうして

も執着を持つ気持ちが起きてしまいます。これは私も同じです。

でもこの執着が、魂の成長を妨げる一因になってしまうことは、ここまでの話でご理解いただいていると思います。過去にやってきたことが今の結果であり、今が未来を作るので、今の現状を維持することに執着しても、そこに意味はありません。かえって魂の成長の妨げになってしまいます。

ここで大切になるのは、こだわりや執着を捨てるための諦めです。「諦める」と聞くとネガティブに聞こえますが、諦めによって現状を受け入れられるという事象が起きます。今の現状に執着している間は、このまま「幸せでいたい」「豊かな自分のままでいたい」と思考しているので、ここまでで伝えてきたとおり、幸せの波動も出ませんし、タイミングや合図にも気づけないままです。

私たちがこの先、このままの上り調子でいくには、幸せを追いかけるのを諦めて、今を受け入れてしまうことです。それが今の現状を一生懸命にやりきることにつながります。現状維持ではなく、生涯、ずっと上り調子で良くなっていく秘訣です。

02

流れに乗るにはコツがある

エネルギーを適切なところで使ってチャンスを見極めよう

私たちは、人生のレールを走る列車に乗っています。どうせ人生を前に進めるのですから、流れに乗った方が合理的なのです。流れに乗っている人は、見ていると二つのコツを踏まえています。一つはエネルギーを十分に備えていること、もう一つはチャンスにつながるタイミングを見極めていることです。

運命は生まれたときから決まっていて、そのレールを進んでいくしかないのに、余計なところにエネルギーをかけていると、タイミングを見逃しチャンスも掴めません。でももし、自分に蓄えられているエネルギーが潤沢だったらどうでしょうか。良いチャンスがやってきた時に、軽々、ひょいとそのチャンスにのることができます。予期せぬ状況や変化がやって来てもへっちゃらです。潤沢なエネルギーがあれば、タイミングを逃すことなくチャンスを掴めます。でもエネルギーがなければ、それは叶いません。

だからエネルギーは適切なところで使い、いざという時のために余力を残しておく。それができれば、タイミングを逃さずにチャンスを掴んでいける運のいい人になって、幸せを実感していけるのです。

緊張するよりもリラックスしている状態がベター

それと、効果的なのは気楽にいることです。Take it easy（英語）もケセラセラ（スペイン語）も、中庸（中国語）もそうですが、リラックスしているときに、自分にとって適切な状態の流れはやってくると言われています。緊張して力んでいる癖を一度手放してみると、エネルギーの循環も良くなっていくので、これはぜひ試して欲しいです。

誰しも経験があると思いますが、リラックスできる空間に身をゆだねているときや、気持ちが緩んでいるときには、いい考えが浮かんできたりまとまったりします。緊張が解けると直感も冴えてきますので、流れにも乗りやすいのです。

電車に揺られているとアイデアが浮かぶというような話をよく聞きますが、魔女もヨーロッパを列車で旅しているときに、ガタンゴトンと規則的な音の響きに揺られるのが心地よいと言っていました。

◆アスリートの「緊張を楽しめ」の真意

アスリートたちはメンタルトレーニングをものすごくしています。どんな緊張状態であっても、リラックスできると集中力は高まりますし、能力も発揮できます。

私は中学、高校時代に部活で陸上競技をやっていました。オリンピック選手を出すような学校でしたので、メンタルトレーニングもそれなりに本格的です。それで私も自分を追い込んだ経験があります。私の場合はそれをやってもメンタルが弱かったからなのか、現役時代に結果を出すことはできませんでした。緊張感で追い込んでも、結果は出せないことはわかっているのに、無意識にそれをやってしまうのです。

時間を経てわかったのは、追い込んだ緊張感からリラックスする状態にまで到達した人たちが、結果を出していけるアスリートになれる、ということでした。勝負で緊張しないのは無理な話ですから、「緊張するのは仕方のないことである」と、その緊張状態を受け入れることができれば、それ以上に緊張することはなくなります。緊張の先にリラックス方法を見つけられたら、エネルギーが循環して自分の力を発揮し、能力が出せるようになれるのです。

アスリートのコーチは「緊張を楽しめ！」と言いますが、これは緊張することが前提です。緊張している自分を受け入れてしまえば、緊張する自分と仲良くなれます。だからそれ以上は、緊張しない状態でいられるのです。

安全な空間にいて追い込まれることもなく「リラックスしていいよ」と言われれば、自然と緊張などせずにいられるような気がしますが、私たちは日々忙しいですし、やらなくてはいけないことに追われています。アスリートだって同じで、彼らが常に結果を問われるのは仕方のないことです。

アスリートのコーチが言う「緊張を楽しめ！」の意味は、「そこそこの緊張があるのは当然で、その緊張はバランスを取るようにして楽しめ！」が真意であるように思います。

◆理想を追い求めて緊張するより、今の自分を受け入れる「諦め」が肝心

緊張が続いていると、何をやっても身体は滞るし、病気にもなりがちです。精神的にも辛くなってしまいます。そのような状態を避けるためにも、ひとときでもいいのでリラックスするタイミングをとるようにしてください。アスリートのように、緊張に対する諦めを受け入れて、リラックスタイムを持つのも一つの方法です。

こんな話を聞きました。いろいろな仕事が詰まってしまって「今日これを終わらせたいのに終わらない！」というのに、やってもやっても終わらない。自分を追い詰めるよ

うにしてやっているのに、結局終わらなさそう……と呆然としているところに、「お風呂へ行かない？」と誘われたのだそうです。時間もないので「いくわけないじゃん」と一度は断ったものの、どうも煮詰まっていて、にっちもさっちもいかない。なので、諦めて誘われるままに温浴施設に出かけて、ぬるめの炭酸泉に短時間浸かったそうです。そしたらリラックスしたのか、帰ってから仕事が爆速で進んだのだとか。諦めたおかげで、このタイミングで炭酸泉のぬるめのお湯に浸かれたのは、ある意味、運を活かせたのだと思います。

人は諦めないと、その状況を受け入れられません。諦められない状況というのは「私ならできる」という理想が織り込まれている。でも限界が来てしまうと、理想ではどうにもならなくなるので行き詰まりがきます。本当に自分の力を出そうと思うのであれば、リラックスすることが大事です。

これが日常的に使えるようになると、私たちは無意識のうちにしている緊張が解けて、最大限の力を発揮して生きることができます。

03

悪口は言ってもいい。でも……(芽生える感情は諦めて受け入れる)

悪口は言ってもいい

「人の悪口を言ってはいけない」と言われて、これまで生きてきませんでしたか？でも実際にはどうなのでしょう。

人から嫌なことをされたら、悪口を言いたくなっても仕方がない、と思うこともありますよね。良い人間でいるために、悪口を言ってはいけないとか、悪いことはしちゃいけない（これは当たり前ですが）とか、自分で自分を抑えることはありますが、でも正直なところ私たちは人間ですから、嫌なこともあれば、納得できないことがあるのは否めません。

そんなとき、魔女だったらどうするのかを聞いてみました。すると「我慢などせずに、悪口を言えばいいのです。人の悪口を言えば、たしかに自分のエネルギーを落とすことにはなるけれど、そのほうが後々の自分のためです。」「悪口を言いたくなるような現況があるのですから、そのままの自分を受け入れることが大切です。」と教えられました。

生きていれば、文句を言いたくなるようなどうしようもない事象にも出会います。これればかりは、無くそうと思ってもなくならない感情です。別の言い方をすれば、生きていく上で良くないことや悪いこと、それこそエネルギー循環が悪くなってしまうようなことがいくらでも起きてきます。他人から仕掛けられたことが原因で腹が立つのですから、もしそこに怒りが湧かない人がいるとしたら、それはきっと仏様くらいです。

嫌な感情を抱く自分を諦めて受け入れよう

こうした我慢を続けていくと、のちのちになって必ずその反動が出てきます。それを防ぐ意味でも、怒りの感情を抱いたら理想を捨ててそのままの自分を受け入れることが重要です。感情を表に出すのを我慢するほうが実は問題で、こういうときには発散した方が自分のためになります。人に対しての怒りや自分に対しての怒り、人の悪口を言うこと、文句を言うことでエネルギーは大きく使うことになりますが、そこは自己責任でリスクを取るのが適切です。

そんな人間らしい感情を抱く自分を受け入れられたら、人として健全でいられます。腹が立つ自分も、嫌だと思う自分も、健全な自分であると、自身の感情を受け入れましょう。

悪口も言わず、嫌悪感を抱くようなことのない自分でいることは、たしかに理想かもしれませんが、でもそれには自分の中にある感情を飲み込むしかないのです。人間なんだし、そういう感情を抱く自分はあって当然。自分を受け入れられないまま、エネルギーを良くしたりリラックスしたりしても、反動が出てくるので、必ず体調を崩す結果になります。

魔女から聞いた話ですが、怒りの感情を受け入れずに我慢していると、自分の投影で目の前に怒っている人が出現するのだそう。それを聞いて驚きましたが、考えてみればたしかにそうです。自分の持っている怒りの波動のエネルギーが誘因して、怒っている人を引き寄せてしまう結果になるのは、ここまでの話でも理解できます。日本人は嫌なことが目の前で起きても、できるだけ怒らないように、平静でいられるように心がけている人が多いように感じますが、自分にとっては決して良いことではなさそうです。

04 過去を振り返らない

過去は過去のこととして受け入れよう

過去の栄光も失敗も、すべて過去の出来事です。過去は過去のこととして受け入れていきましょう。あのとき、うまくいったからといっても、今、同じことをやってうまくいくとは限らないからです。社会情勢も違いますし、関わる人間もうまくいったときとは別の人だったりします。自分自身についても、うまくいったときの自分とまったく同じ状態でいるわけではありません。同様に、過去に取り組んだことが失敗に終わったからといって、今やってみたら同じように失敗するとも限らないのです。もしかして、今の自分だったら成功するかもしれません。

例えばですが、医学は日進月歩で進化していますから、同じ病気でも現在と過去では、病気の診断、治療計画にも違いが出ることはあります。患者は同じで、同じ病名のついた病だといっても、時は過ぎて診断方法が変わり、新しい治療法が発明されれば、過去と同じ結果にはなりません。

なので過去の経験から未来を判断するのも危険です。それをしてしまうと、この先に開けるはずの未来の可能性を狭めてしまう結果になりかねません。そうなれば、自分をクリエイトしていくことも難しくなる可能性があります。未来に向けての選択は、今の自分の状況から判断して選択していくことです。

過去は過去の出来事。振り返っても何も変わりません。過去の栄光も後悔も過去の話です。楽しかった、辛かったなども過去の自分が感じた感情として認め、そのまま受け入れていきましょう。過去から今につなげることに執着するよりも、過去は過去にあったこととして留めて、今に生きることのほうが運を人生に活かせます。

過去を過去として受け止められない人の顛末

今から7〜8年前、仮想通貨で大儲けした人が続出した時期がありました。あのとき大儲けした人たちのなかには、「仮想通貨で大儲けできる」という過去の経験に則り、今、再び仮想通貨に投資して、大儲けしてやろうと思っている人たちがいます。

けれど、実際は財産をなくしています。あのとき、仮想通貨が10倍や20倍になった人たちが続出したのは事実ですが、今、仮想通貨を購入するタイミングについていえば、「跳ねたらラッキー」で「あの時はよかったよね」で終わらせるのが正解です。

でも私たち人間は、一度美味しい思いをしてしまうと、多少辛い思いやリスクを取ったとしても、上手く行った過去と同じように良い結果を掴めると思ってしまい、同じことを繰り返してしまうのが常です。大切なのは、今に居ること。今目の前にあることに懸命に取り組むことが、あなたの未来をクリエイトしていくということを、ここでもう一度、確認しておきましょう。

05

環境を整える

風水で、長くいる自宅のエネルギー調整をしよう

ここまで、人生を上手に生き抜くために教えてもらった魔女からの教えを伝えてきました。このとおり実践していけば、この先の人生は運を活かして生きることができるはずです。

けれど一人で考えて動いていても、モチベーションを保つのはなかなか大変。自分の気持ちが下がっているときは、前に進まなくなりますから、前に進み続けるために環境を整えることをオススメしています。

環境を整えるといえば、まずは住まいです。住まいは、カラダを休めエネルギーを蓄

える場所で、とくに寝室は人生の三分の一を過ごす場所といわれています。一番影響を受ける時間の長いのが住まいですから、そこを調整することで、人生でぶつかる悩みや困難な出来事、苦手なことなどを簡単に克服したり、状況を変えたりすることが可能になります。これを具体的にしたのが風水の学びです。

波動からくるエネルギーの調整やスピリチュアルトレーニングの実践を後押しするのが、私が考案した「八智風水」です。風水の根本には、私たちの内側にある魂の成長を、外側からも支援していく考え方があります。

魔女の住む家は居心地がいい

私が風水の学びをスタートさせたのは、イギリスでした。イギリスの魔女に出会ったことで、環境を整えて生じた波動の影響からエネルギー変革を可能にするという西洋の風水の考え方ができるようになりました。

3人のどの魔女の家もそうですが、彼女らの住まいはとても居心地がいいのです。一歩入った瞬間から、一定のエネルギー量と明らかなエネルギーの質の違いを感じます。

イギリスの魔女は、家具やモノを移動したり、エネルギーのあるものを置いたりすることで、居心地の良い状態に整えていました。魔女たちが、自分の住まいのエネルギー調整をする目的は、落ち着いてリラックスできること、そして自分の能力（サイキック能力、直感など）をより使えるようにするためでした。

それで私は、住まいを魔女たちのように整えていけば、同じような良い影響を得られるのではないかと思い、興味を持って風水を学びました。ところが風水を学んで実践を重ねてみて分かりましたが、実際には魔女たちの住んでいるイギリスやオーストラリアの家と私の住む日本のマンションでは勝手が違っていて、魔女から教えられた通りではうまくいきませんでした。そこから私は魔女の教えにプラスして、中国の古典的な風水や新鋭の風水などを含め、あらゆるものをさまざまな国で学んできました。

◆水槽があるならこれ以上は増やさないで

ここでは、私が創り出した「八智風水」から、人生が豊かになりそれを維持していくためにできることを一つ紹介します。誰がやっても効果が出るし、お金もかからない方法ですので、ぜひ試してみてください。

風水に興味がある人はよく聞く話かもしれませんが、風水で水はお金と連動していると教えられます。水場をつくることでエネルギー調整が可能になるという教えです。風水大国である香港でもシンガポールでも、玄関前付近に噴水のような水場を設置する設計がなされている建物が多くあるのはそのせいです。それと同じように水場をつくるという意味で、風水をかじったことのある人なら、住まいに水槽を設置している人もいるかもしれません。

けれど、お金を連動させるのに大切なことは、「水」ではなく「水の流れ」です。この水の流れが滞ってしまったとき、風水ではそれをどう捉えるのでしょうか。

水の滞りは、エネルギー調整としては失敗で逆効果です。水槽は同じ水が巡るシステムですから、悪いエネルギーを放出してしまうことになります。なので、もし今の住まいに水槽を設置して生き物を飼っている人は、その生き物がいなくなってからでいいので、優先して片付けていきましょう。間違っても、今から水槽の設置をするのは避けるべきです。

06

コツコツすることは最大の防御

目の前にきたことにコツコツ取り組もう

人生をクリエイトして「自分の人生は最高に幸せだ！」と実感していくには、究極、今目の前にやってきたことを全力で取り組むことが重要であることはお分かりいただけたかと思います。

良かったことも楽しかったことも、つらかったことも悲しかったことも、過去の出来事にすぎません。理想や幻想を目指すのではなく、今に生きることです。今に生きていれば、必ず希望ある未来につながります。

自分の目の前にやってきたことは、運命のとおりで必然のことです。自分の持っている能力を最大限に発揮して取り組んでいけば、人生を豊かにして生きることにつながります。

けれど、私たちは「よし！　やってやろう！」と思えるものについては、コツコツ取り組めるのですが、その反対に「え!?　これ、今、自分がやるの？」みたいに思うようなものからは、目をそらしたくなります。

しかし、ここまで何度も繰り返し伝えてきたように、自分の目の前に来ることは人生に必要だからやってくるわけです。それを力半分で臨んでいるようであれば、この先の運命をやり切るために、あなたが付けなくてはいけない力を培うことはできません。でもそこをコツコツとやっていくことで、やがて生きていくうえで必要不可欠な力が育っていきます。

目の前にきたことに対してコツコツ取り組むことは、人生をクリエイトさせていくための最大の防御になります。

夢に向かって注ぐエネルギーは無駄にはならない

こうして生きていると「もしかしたら叶うんじゃないか」みたいな理想や幻想も、夢に混じってやってきます。

たとえば、今の私がメダルを取るのを目標に、陸上トレーニングを開始しようとするのは、「幻想」であり「妄想」です。年齢や状況から見れば、今の自分を起点にするとメダリストの未来にはどうしたってつながりません。今の自分とは、あまりにもかけ離れたところにあるからです。

でももし今の時点で、すでにトレーニングを積んでいる自分だったらどうでしょうか。メダリストになれなくても、もしかしたらメダリストに関わる仕事ができるかもしれません。具体的に言えば、陸上競技トレーニングをストイックに経験したスポーツメンタルコーチとしてアスリートとの関わりを持ったり、記録を伸ばすためのグッズや商品の開発をする側のスタッフになったりなどです。今の自分のあり方が、運命を実現する夢につながります。

ややこしくならないように、本書でいうところの「幻想（妄想）」と「夢」の区別について最後に触れておきますが、今の自分を起点にしているものは「夢」、今の自分を起点にしていないものは「幻想」や「妄想」、あるいは「ファンタジー」であると私は捉えています。今の時点で、何の素養もなく準備も鍛えもしていないのに、「これが欲しい」「こうなりたい」と追いかけていくのが「幻想（妄想）」です。それに対し、今の自分がコツコツとやっているコトからつながる未来は「夢」であり、あなた自身の運命を果たすことにつながります。

先ほどの私の陸上トレーニングの話に戻りますが、同じトレーニングを積むにしても、今を起点にしているのかそうでないかで「幻想」に向かっての努力なのか、運命を実現する「夢」に向かっての努力なのかは違ってきます。そこを間違えて「幻想」にエネルギーを費やしてしまうと、無駄なエネルギーの浪費になってしまいます。だから見極めが大事です。今の自分を起点にすれば、幻想なのか夢なのかの判断はできます。

けれど私は、魔女からこの教えを受け取ったときに思いました。「じゃ、幻想や妄想を抱いているうちは、人生を無駄にしてしまっているということにならないかしら？」と。すると魔女は、次のように教えてくれました。「今の自分からすべてが始まります。今の自分が何をしているのかが、あなたの未来を決めるのです。すべては今の自分を懸命に生きることで「幻想」だったものも、次第に「夢」へと変わっていきます。」と。

今の自分ができることから始めよう

自分が、今に居て何を意識し、何を感じ、何を行動すべきかがわかれば、自分の未来をクリエイトできるか否かは決まります。幻想も妄想もファンタジーも、運命を生ききるための夢に変えられるのだ、と思えてきたら、この疑問も前に進む勇気へと変わりました。仮にその夢が叶わなくても、今の自分がやっていることは運命に必要なことなのだから必ずどこかで役に立つし、夢にむかって注ぐエネルギーは無駄にはならないこと

も理解できました。

この本の執筆が決まったのも、目の前にやってきたタイミングを捉えられたからです。そのおかげで本書を通じてあなたに出会うことができました。これは私の運命だったのです。

豊かな人生を手にする近道は、正しい情報と正しいやり方を知り、それを正しく実践していくことです。あなたも私と一緒に、自分をクリエイトして人生を豊かに生きていきませんか？

おわりに

私は30年以上も前からスピリチュアルの世界におりますが、特にスピリチュアルを教える講師として活動するようになってからは、何かうまくいかないことがあってつまずきを感じていたり、生き方に悩んでいたりする人たちの魂をケアをするとともに、自分と同じ立場で活躍していける人たちを育成することに注力してきました。

本書では、幸せになりたいと願う人たちのために、私が教わった3人の魔女からの教えを公開する形で、本物のスピリチュアルについて解説しています。3人の魔女たちのもとでトレーニングを積んでいく過程でスピリチュアルの本質を知り、世界で起こるさまざまな事象や現象について追究する機会が得られたのは、とても幸運なことでした。

幸せの概念は人それぞれです。国民性によっても幸せの概念や感覚は異なりますが、特に私たち日本人は「幸せは手に入れるもの」という概念が染み付いているように感じています。概念が抽象的で、ものすごくふわっとしている印象です。

これまでの日本の歴史をさかのぼれば、一昔前は画一的であった子育てや教育、人生のあり方も、近年になると多様性が受け入れられる土壌が次第にできつつあり、マイノリティーな選択もできるようになりました。しかし一部では、いまだにそれが受け入れられない界隈も存在しています。たとえば30〜40代の子育て世代では、子どもがいることが幸せのステータスみたいな感覚がいまだに残存しているのです。けれど、自分の幸せの基準が決まっている人は、このような場面に出くわしても思い悩んだりつまづきを感じたりすることはありません。

人生100年時代を生きる私たちは、どのような時代になろうとも「自分にとっての幸せとは何か」について考え、導き出した自分なりの答えを、自身の幸せの基準にしていくことが大切です。それができる人たちは、生命が尽きるその時まで幸せな人生を生き抜いていけることでしょう。そのために、本書が一助となれば幸いです。

最後になりましたが、本書を出版するにあたって株式会社ケイズパートナーズの山田稔さんに、プロデュースから構成・編集まで全般にわたりご尽力いただきました。また編集作業を進める上では、ブックライターの遠藤美華さんにお世話になりました。この場を借りて感謝申し上げます。

本書が少しでも多くの人たちのお役に立てることを祈っております。

2024年9月　金井智子

著者紹介

金井 智子（かないともこ）

八智風水創始者　スピチュアル講師、セラピスト　大阪生まれ

1994年からヒーリングを中心としたセラピーを始める。
イギリスをはじめヨーロッパを中心に、中国、アジアなど世界各国を回り
スピリチュアルについて学ぶ。人の幸せをサポートしたいと思い、2001年に大阪にてスピリチュアルサロンAIMER LE BONHEURエメルボヌールを開業。カウンセリングを受けた人は12000人を超える。現在は「結果が出る風水」として八智風水の講座を通し、運を良くし現実を変えていける風水を、日本をはじめ、アジア、ハワイなど海外でも講座を開催中。

●八智風水公式HP
https://hacchifusui.com

●八智風水公式LINE
@730uhjlv

心のモヤモヤをクリアにする本当のスピリチュアルメソッド
魔女から教わった
運命を変えて幸せな人生を引き寄せる方法

2024年10月29日　初版第一刷発行

著　者　金井 智子
発行者　宮下 晴樹
発　行　つた書房株式会社
〒101-0025　東京都千代田区神田佐久間町3-21-5　ヒガシカンダビル3F
TEL. 03（6868）4254
発　売　株式会社三省堂書店/創英社
〒101-0051　東京都千代田区神田神保町1-1
TEL. 03（3291）2295
印刷／製本　株式会社丸井工文社

ISBN978-4-905084-82-2